習保王岐山留任
激戰江澤民

作者／王淨文、季達

正值「乾坤再造在角亢」

2017年天象歲星（木星）運行於角宿、亢宿之際，新舊交替，凶險至極，《推背圖》預言的解析：乾坤將再造。（明慧網）

「歲在角亢」的 2017

2017 年 2 月網上流傳一篇文章，從古今天象看當今世界將要發生的大事。文章給出了 2016 年至 2017 年的天象圖，詳細分析了歲星（木星）運行於角宿、亢宿之際，新舊交替，凶險至極。文章還解析了《推背圖》對此時的預言：乾坤將再造。

中國古代的天象學，以北極星為中心，劃分為三垣 28 宿，其中東方蒼龍七宿是：角、亢、氐、房、心、尾、箕，角、亢是蒼龍七宿之首。從 2016 年至 2017 年天象圖來看，歲星自 2016 年 11 月 15 日左右順行進入角宿的天區，順行守角宿，逆行守太微，其中 2016 年 11 月 15 日至 2017 年 12 月 3 日，歲星位於角宿和亢宿範圍，即「歲在角亢」。

對應在人間，就在 2016 年 11 月起，全球發生一系列重大變局，包括「政治素人」川普 11 月 8 日以顛覆者姿態贏得美國總統大選，以及隨後全球密集發生的政治變故：古巴獨裁者卡斯特羅去世、英國推動脫歐進程、韓國總統朴槿惠被彈劾、法國總統奧朗德放棄繼任競選、意大利與紐西蘭總理辭職、金正恩不斷挑釁等。

在香港，此前連任之說高漲的特首梁振英，也在 2016 年 12 月 9 日突然宣布因「家庭原因」棄選，震驚各界。在大陸，本可逃往加拿大的肖建華，居然心甘情願地跟著中紀委的人回到北京，並供出了一大批金融大鱷，苗頭直指江澤民、曾慶紅、劉雲山等貪腐家族，拉開了習江殊死搏鬥的最新一章。

習江生死搏鬥導致的江派反擊

從 2012 年 2 月王立軍出逃後，五年間《新紀元》出版了 50 多本有關中國政局大變動的叢書（http://shop.epochweekly.com/），詳細描述了習近平上台前後與江澤民集團的生死搏殺與妥協瞬間。

不了解中共政局的人可能不解，江澤民退休十多年了，怎麼還能和習鬥呢？原因是人們不知道江澤民集團犯下的反人類罪行，致使他不得不與習爭奪權力，以便拖延與逃脫被清算的結局。

江澤民不但因為「六四」血案而爬上最高位，還一手製造了對上億善良法輪功學員的屠殺，數百萬人被害死，其中很多被活摘器官而死亡。國際社會一再呼籲中國政府審判江澤民，將其群體滅絕罪、酷刑罪、反人類罪行公布於世。江澤民集團連活人都敢開膛剖腹，喪失了做人的最起碼底線，在貪腐、淫亂、禍國殃民方面更是無惡不作。習近平為了政權不垮，被逼站出來與江派腐敗分子做殊死決鬥。

在這樣的大背景下，出現了「傳奇富商」或「邪性富豪」郭文貴的爆料。

據大陸和海外媒體報導，郭文貴的財富大爆炸，得益於中共國安部副部長馬建的官商勾結，而馬建又是曾慶紅的心腹，郭文貴其實就是江澤民、曾慶紅這條線上的人。郭文貴否認給馬建送了禮，但馬建公開承認接受了郭文貴的巨額行賄。

回顧習江鬥的歷史，2012 年 11 月習近平上台時，除了胡溫等少數人，滿朝幾乎都是江澤民扶持上來的貪官污吏，習近平主要依靠兩個人：王岐山和栗戰書，來艱難地打開局面；等到了 2013 年 3 月，習近平成立國安委和深改小組之後，他才開始有了聽從自己指揮的習家軍團隊，於是，周永康、李東生之流才被拉下馬。

看到習近平反腐要動真格的了，江派慌了，開始大反撲。2014 年 1 月 24 日，江派把國安得來的情報，首次經過國際調查記者同盟（ICIJ）公布了部分離岸金融公司名單，矛頭對準了習近平和溫家寶。

2014 年 6 月，一直暗中操縱港澳台的曾慶紅，利用前新華社官員之口，稱占領中環違法，是反華勢力在操縱，並放言中央要軍事干預香港，結果促使香港局勢更加惡化。6 月 10 日江派劉雲山掌管的新聞辦發表《一國兩制》白皮書，明言「兩制」從屬於「一國」，「香港自治」是中央給多少才有多少，進一步激起港人的憤怒。曾慶紅曾表示，香港要越亂越好，這樣才能打擊習近平，讓習的寶座坐不穩。

對此，習近平陣營也發起進攻。2014 年 10 月，四中全會上習王提出要依法治國，不但要懲處貪官個體，還要從制度上懲治貪腐集團。緊接著 2015 年 1 月 7 日，王岐山的中紀委人員找到曾慶紅做審查，1月10日，曾慶紅的心腹大將馬建被雙規。2015年3月，胡舒立的「財新網」曝光郭文貴與馬建的各種幕後交易。

面對習近平反腐的步步逼近，江派再次瘋狂反撲，他們不顧國家民眾的利益，讓肖建華、劉雲山的兒子劉樂飛、上海幫的代理人徐翔等金融大鱷，掀起了2015年6月的股災，導致國民經濟大出血；2015年8月，天津發生震驚全球的大爆炸……

這兩場人為製造的大災難，讓習近平害怕了。為了確保9月3日的大閱兵不出現意外，習近平只好妥協，江澤民、曾慶紅等人在天安門城樓上露臉了。

等到了2016年1月，中紀委開會，把經濟反腐上升到政治規矩的高度，進一步打擊江澤民政治流氓集團。江派在2016年4月初再次用巴拿馬文件反撲習陣營，中共高層幾大家族都被捲入了離岸公司的逃稅醜聞中。

2016年習近平主要把軍改放在首要位置，徹底清除江派徐才厚、郭伯雄的軍中殘餘，利用軍改換人改制，把軍權牢牢掌握在手中。

2017年1月27日過年前一天，躲在香港的肖建華被中紀委帶回大陸，習近平、王岐山開始以懲治金融大鱷的方式來懲治其政治局常委級別的保護傘，矛頭直指江澤民和曾慶紅、劉雲山等大後台，於是，肖建華、郭文貴的後台開始害怕了，郭文貴因此奉命出來「爆料」。

最近的三次「歲在角亢」

回頭再來看2017年的天象預測。據「正見網」分析，在近

30 年的歷史長河中，歲星已是第三次運行經過角亢了。

第一次角亢對應的是 1992 年 5 月。李洪志先生將法輪大法傳出。明朝劉伯溫的《推碑圖》及韓國的《格庵遺錄》中都預言了將於木（卯）年，以木子李為姓轉生的救世主，燕南趙北把金散。此金指的就是法輪大法。劉伯溫還在其《燒餅歌》中預言，天上的無數神佛都將下世轉生，不遇金線之路，難躲此劫。劉伯溫再一次用金線之路比喻法輪大法。法輪大法的傳世，使人類的道德迅速回升，形同乾坤再造。

歲星第二次行經角亢，對應的時間應是 2004 年。2004 年為甲申年，甲為木，申為金，再次與角（木）亢（金）相應。而這一年的 11 月，《九評共產黨》發表，法輪功學員為救度被邪黨迷惑的眾生，廣傳《九評》，使廣大民眾看清了共產邪黨的本質，從而引發了世界性的退黨大潮。截至 2017 年 6 月 24 日，已有 2 億 7661 萬 8451 人退出了中共邪黨、團、隊組織。緊隨其後，從 2006 年起，傳揚神傳文化的神韻藝術團開始在全世界巡迴演出。神韻十年的世界巡迴演出，淨化了無數人的心靈，使無數的人明白了真相，擁有了未來的希望。天地是神為人而造的，無量眾生的改變，無異於乾坤再造。

2017 年是歲星第三次行至角亢。2017 年為丁酉年，丁為火，但可與壬合為木，故丁中含木，酉為金，再次與角亢呼應。從而預示人間又將發生巨大的變化。按照瑪雅預言說的，從 1992 年 5 月法輪大法的傳出，宇宙進入被淨化更新的時期，這一時期，就是乾坤再造的時期。

唐朝司天監李淳風和隱士袁天罡合著的《推背圖》最後一卦中，讖曰：「一陰一陽，無終無始，終者自終，始者自始。」

宇宙特性真、善、忍是永恆不變的，乾坤的再造是按照宇宙特性「真、善、忍」的標準來進行，這個過程中，不管發生什麼事情，那些能符合「真、善、忍」宇宙特性的，將擁有美好的新未來，而那些背離宇宙特性的，將永遠失去未來。

就在 4 月 25 日，法輪功創始人李洪志先生公開發表了題為《再造》的詩：「天地茫茫誰主綱，人世渾渾向何方；成住壞滅是規律，大難已到誰來當。世人盡快找真相，天門已開不久張；走回傳統路通天，創世主在救穹蒼。」這與《推背圖》的「乾坤再造在角亢」形成對應。

《推背圖》預示習近平 2017 年旌旗改換

《推背圖》52 象讖曰：「彗星乍見，不利東北」，暗合 1986 年 2 月哈雷彗星出現，當年 3 月，前蘇聯共黨總書記戈爾巴喬夫開始「改革新思維」，國際共產陣營颳起了民主、自由風。1989 年東歐劇變，紅色陣營八個國家放棄社會主義。1991 年蘇聯解體，共產黨在東歐徹底崩潰。

52 象頌曰：「欃槍一點現東方，吳楚依然有帝王，門外客來終不久，乾坤再造在角亢。」首句「欃槍」是古代對彗星的別稱，對應 1989 年「『六四』開槍大屠殺」，學生民主運動遭中共開槍鎮壓。次句「吳楚依然有帝王」，對應生於揚州（古代吳楚之地）的中共前黨魁江澤民踏著「六四」鮮血上台。

第三句的「門外客來」，則對應發源自西方的紅色政權——「共產主義幽靈」終歸不會長久。末句直接對應 2016 年末至 2017 年，也正是習近平主政的時期，將發生「乾坤再造」之巨變。

詳情請看《新紀元》周刊此前的文章：《推背圖》預言中的習近平和高智晟（第 504 期 2016/11/03，http://www.epochweekly.com/b5/506/17130p.htm）。

這也和緊接著的《推背圖》第 53 象中「關中天子」、「順天休命」，「旌旗改換」、「天下安定」等預言吻合，意指在陝西（古時關中地區）出生的習近平，應該順應天意，休中共紅朝之命；「旌旗改換」方能「天下安定」。

天象都安排好了，就看下面的人怎麼動了。

目錄

第一章

肖建華被抓
瞄準白手套主人

2017年1月27日，匿藏香港多年、涉及多宗金融詐騙和犯罪的金融大鱷肖建華被中紀委帶回大陸。消息稱肖是中共江派高層的錢袋子管家，江派透過肖建華等操盤手掏空中國國庫。肖案目的是牽出江澤民、曾慶紅、張德江等更多江派要員。

肖建華是中共江派高層最重要的錢袋子「管家」，肖案成為當前中南海頭號大案。（AFP）

第一節

肖建華簡歷和被抓過程

大年三十逃過獵狐的大鱷被抓

2017 年 1 月 27 日是中國新年除夕，中紀委專案組卻選在這個萬家團聚的日子，對逃往香港的大陸著名金融人士、明天系掌門人肖建華實施了抓捕行動。

兩年半前就有海外報導稱，2014 年 6 月 18 日，習近平批示要抓肖建華來調查，但公安部領導通風報信，令肖成功避險。肖建華涉嫌參與的違法案件眾多，僅舉一例：他幫曾慶紅的兒子曾偉花 30 億人民幣買下了 738 億的山東魯能，光這一筆生意，就令國有資產損失 700 多億。當時的公安部長是郭聲琨，據說是曾慶紅的表外甥，不過這個親屬關係還有待考證。

《新紀元》周刊曾報導過中共公安部的獵狐行動，但公安部給出的紅色通緝令的100位外逃貪官，都是非常小的省市級小官，幾乎沒有中央級別的大官。熟悉中國經濟的人都知道，哪怕是習近平、王岐山已經拿下的周永康、令計劃、徐才厚、郭伯雄、蘇榮等高官，他們靠貪腐、受賄、挪用公款等，能夠涉及的資金，相比於真正資本市場的金融大鱷，那真是「小巫見大巫」。曾偉曾公開表示，一個項目「沒有一億的進帳，免談！」肖建華這樣的資本大鱷，每每涉及的金額動輒幾百億，那是一般貪腐望塵莫及的規模。

做了幾十年金融的老行家王岐山，早就看透了肖建華這些人搞的財技花招，早就想動肖建華，不過屢屢被江派攪黃。直到習近平當上了習核心，並成功強行宣布不許梁振英連任，同時要大舉清理公安部之時，王岐山才有了實力抓回肖建華，抓回獵狐行動無法觸及的大狐狸。

不過，香港畢竟還講「一國兩制」，大陸不能隨便越界抓人，於是，27 日凌晨 3 點，六個香港黑道上的彪形大漢，趁肖建華身邊只有兩名保鏢的時候，進入肖的住房，帶走了肖建華和他的妻子周虹文，還有那兩位女保鏢。

據說中紀委專案組的「強力部門」早已租住四季匯，潛伏成為肖建華的「鄰居」，監視肖的日常生活，發現肖經常在四季匯四樓活動，並知悉肖的隨行保鑣人數會隨著不同時段增減。於是趁大年三十保鑣最少時，才突然現身，「邀請」肖建華回大陸，整個過程沒有驚動酒店保安。酒店錄像顯示，這些人是平平靜靜地走出酒店，未出現暴力。

有消息說，是因為肖建華在大陸的很多親人被官方控制，官方還提出保證肖建華的資產安全，以這兩點為條件，才達成了肖建華同意回去接受調查。

據說這六位黑道人物把肖建華一行從深圳皇崗口岸帶進大陸，到深圳後，周虹文被放回香港，肖建華則被祕密押到北京或天津接受調查。周虹文回香港後，曾報警並通知媒體，後來收到肖建華的來電，叮囑「勿把事件鬧大」，她才向警方銷案，稱丈夫已報平安。後來有消息說，周虹文已離開香港，前往日本避災。

肖建華廣告聲明暴露被抓實質

王岐山以什麼名義來抓回肖建華呢？這從肖建華自己的聲明中看出端倪。

2017 年 1 月 30 日和 31 日，肖建華通過明天集團官微在國內網路上連發兩條聲明，聲稱自己「在國外治病」，不過聲明很快被刪除。香港警方 1 月 31 日公開證實，「1 月 27 日一名在港的中國大陸人士經由香港其中一個出入境管制口岸返回大陸」。

2 月 1 日，香港《明報》在頭版再度刊登聲明，內容和早先被刪除的第二條相同。外界猜測，這是肖建華讓妻子出面花錢購來的有償新聞。

除了再次重申自己「在國外治病」，「不存在綁架」外，肖建華還強調自己是愛國華僑，一向愛黨愛國，從未參與任何有損國家利益和政府形象的事，更從未支持任何反對勢力和組織。他還聲稱自己已經是加拿大公民，也是香港永久居民，受加拿大領事保護，也受香港法律保護；並且特意提及自己持有外交護照，享有外交保護權。

針對其四點聲明，港媒《蘋果日報》解讀說：肖想表白自己仍在境外，但與香港警方證實肖已北上不符；他給大陸當局帶高帽圖博取善待，否認被綁架，但不提是否有其他方式；他強調華僑身份，為爭取海外輿論關注，同時向當局表衷，非如報導所指涉「反習聯盟」。

人們質疑，肖的兩度「聲明」均被刪，是誰有權讓肖建華消聲呢？為何不許他謊稱還在國外呢？肖提到他持有外交護照，有分析說，「如有外交人員身份，即是官員，卻在港取得永久居留權，情況少見」，比較可能的就是肖建華持有國安部發放的特工證，故而能像當年的賴昌星那樣在海外執行「特殊任務」，也有的證實肖建華只有在香港的短期工作簽證，不過他的加拿大護照倒是真的。肖建華於 2014 年王益案後逃往香港，銅鑼灣書店出事後，他一度覺得香港不安全，搬到了日本，後來又返回到香港四季酒店，以便更好的操控大陸金融生意。

2 月 2 日，阿里巴巴創始人馬雲控制的香港英文報紙《南華早報》引述熟悉肖建華行蹤的人士說，中共相關人員到香港四季酒店探訪明天控股有限公司的創辦人，勸告他與北京當局合作，並沒有強逼。報導還指，肖建華涉及 2015 年的股災和已落馬的中共前國家安全部副部長馬建。2016 年 12 月 30 日，馬建被北京當局開除中共黨籍和公職，並已移送司法機關處理。

法國廣播電台報導說，馬建的後台被披露是曾慶紅；而成立於 1999 年的明天控股負責人肖建華，則是曾慶紅家族的利益代表，其巨額財富應與曾慶紅的兒子曾偉有著密切關係。報導預測曾慶紅要出大事了。

此前多家媒體報導說，肖建華與曾慶紅的兒子曾偉、梁光烈的兒子梁軍、戴相龍的女婿車峰、前中共全國政協主席賈慶林女婿李伯潭等中共紅二代與官二代關係都相當密切，疑為中共太子黨的白手套。肖建華自己也承認，通過身邊的人，他結識了不少中國高層領導的子女，並曾與他們一起投資。肖建華有句口頭禪：「每個人都有價碼，北京每個太子黨都有價碼。」言外之意，他做每筆生意，都要預先給太子黨不同價碼的報酬，官商勾結的醜態躍然紙上。

據港媒報導，有接近肖建華的消息人士指，肖每日可打電話、外出，人身安全暫未有問題，甚至曾經囑咐下屬「明天系生意照做」。不知此消息是否真實，不過這條消息絕對起到了穩定股市的作用，因為明天系的市場影響力太大，誰也不想股市再起波瀾，同時，該消息也在警告相關資本勿趁機作亂。

也許人們會問，為何官方既要抓肖建華，又要把其妻放走呢？肖建華為何要一而再、再而三地發聲明呢？這些聲明真的是肖建華發的，還是他的後台假借他的名義發的，以穩定軍心呢？

仔細分析肖建華在《明報》上的聲明，「從未支持任何反對勢力和組織」，言外之意，他從未參與反對習近平的「反習聯盟」，不過這種「此地無銀三百兩」的告白，正好就是習要抓他的原因。

比如 2015 年的股災，《新紀元》周刊此前報導過，江派為了從經濟上給習近平拆台，故意發動了 2015 年股災，令中國經濟雪上加霜。據說江派動用了上萬億資本，當時肖建華雖然躲在香港，但他一直在遙控他那龐大的金融艦隊與習抗衡，否則，萬億資金，其他人想做也沒有啊。

2017 年是雞年，中國有句俗話說「殺雞給猴看」，也許王岐山選在大年三十這個特殊日子祕密地抓回肖建華，同時又藉其妻的一系列動作故意把事情鬧大，就是要達到「殺雞儆猴」的效果。

早在2008年王益案時，肖建華為了自保，就供出了很多人，最後因坦白從寬保得自身平安；這次肖建華落到王岐山手上，有消息說，中共最高層那些牽扯到肖建華的十多家太子黨家庭，聽到消息後，茶飯不思，憂心忡忡，再也無心過年了。

聰明窮孩子改行政工 靠妻發家

肖建華1971年出生於地處山東中部、泰山西麓的肥城市安駕莊鎮夏輝村，父親肖富銀是當地一名初中老師，肖建華有個哥哥叫肖新華，另有姊妹四人。根據很多人的描述，年少時，他如饑似渴地閱讀歷史和文學書籍。1986年15歲的肖建華考上北大法律系，18歲成為北大學生會主席。

朋友們說，他衣衫襤褸地來到北京，卻懷揣著成為政治領導人的抱負。他兒時朋友郭慶濤回憶說：「每天清晨，他都會在5點起床，跑步到山上去讀書學習。他能背誦每篇課文，並且將老師備課用的材料都自學了。」郭慶濤後來成了肖建華的北大校友。

北大期間，肖建華曾擔任過北京大學學生會主席、全國學聯副主席等。1990年畢業後留校，在黨委學生工作部任職。1992年至1994年，肖建華出任北京大學生物城籌備小組辦公室主任。此間，肖還曾在石家莊陸軍學校、北京牡丹電視機廠掛職鍛鍊。在北大歷史上，擔任過校學生會主席職務的人，不少都成了政壇明星，但商業頭腦異常敏銳的肖建華，最終選擇了從商。

按照肖建華等人的說法，明天系發端於1993年北京北大明天資源科技有限公司的成立，肖建華為創始人。但知情者說，當年的肖建華如果沒有碰上周虹文，就沒有今天的明天系。

在北大期間肖建華認識了日後的妻子周虹文。周虹文 1970 年 7 月出生，戶籍為北京市海淀區，但在內蒙古長大；1987 年考上北京大學信息管理系，畢業後，在北大方正集團任職。肖建華創業的第一筆資金就是來自其妻子所任職的方正集團，當時肖建華主要生意就是賣電腦。

1996 年 9 月後，肖創辦了北京海峽恆業、北京惠德天地科貿、北京新天地互動多媒體公司，然後以這些公司為投資主體，在妻子周虹文老家包頭成立了三家公司。1998 年以後的兩年時間裡，明天系先後參股和控制了華資實業、明天科技、寶商集團、愛使股份、西水股份、ST 冰熊等六家上市公司，運用資金約為 5 億元。

在接下來的時間裡，肖建華成了第一批與政界關係密切的金融圈高層，他不遺餘力地趨奉中共權貴，逐漸變得像是統治階層的銀行買辦，自己也成了億萬富豪。

明天系發跡於內蒙古

雖然肖建華聲稱自己是白手興家，在中關村做電腦賺到第一桶金，但他於 1998 年開始將戰場從北京轉移至妻子周虹文的家鄉內蒙古包頭發展，由計算機配件生產轉移到運作上市公司，發跡過程周虹文著實出力不少。據明天系內部人士稱，「周虹文家族在內蒙古地區很有能量，加之肖建華善於結交人脈，與內蒙古當地關係搞得不錯，借助這些人的力量明天系發跡於內蒙古。」明天系旗下三家 A 股上市公司——華資實業、明天科技及西水創業，重心皆位於內蒙古。

內蒙古包頭不僅是周虹文的家鄉、肖建華事業的重要發端地，也是肖長期夥伴董平（文化中國傳播集團董事局主席）的出生地；而時任中宣部副部長、文明委辦公室主任的政治局常委劉雲山，也出生於內蒙古包頭市的土默特右旗，在 1993 年進入中宣部之前，24 年都在內蒙古生活與工作。

時事評論員陳思敏調查了肖建華與董平、劉雲山、李友等人的關係。2001 年，不是北大校友的董平獲北大青鳥集團邀約，合資組建北大華億。同年，與《人民日報》社聯合成立《京華時報》，董平除了間接持股 50%，還擔任了《京華時報》的顧問。這些都是在劉雲山的支持下安排的。

2003 年末，董平改與保利集團旗下保利文化合資，成立保利華億。2005 年，董平把保利華億部分股權間接注入香港上市公司友利控股，實現借殼上市，並更名為華億新媒體。兩年後董平套現退出，接盤方為「中國寬帶產業基金」，其名義創立人是中國網通前 CEO 田溯寧，而田溯寧的背後就是江綿恆。

肖建華與董平素有淵源的北大校企兩大系——方正集團與青鳥集團，都在 2014 年出事：方正集團李友等人捲入山西腐敗與令計劃案；青鳥集團許振東、蘇達仁等人，捲入山西腐敗與蘇榮、宋林案，而有「超級掮客」之稱的蘇達仁，與軍旅歌手宋祖英、李雙江、譚晶、湯燦等熟識。董平也在 2014 年被官方找去「協助調查」。

董平是電影《臥虎藏龍》的製片人，2009 年成立文化中國公司，並借殼上市，與明天系關係密切，常年合作。2014 年在周永康的馬仔、原公安部副部長李東生被抓，周永康之子周濱和周永康被查後，小馬奔騰公司董事長李明和董平相繼被要求協助調查。董平與曾任央視副台長的李東生，以及曾慶紅之弟曾慶淮及其情婦梅婷都存在關聯。

明天系版圖龐大 控制 30 家金融機構

如今肖建華旗下的明天控股集團在大陸控股、參股及曲線持有幾十家上市公司，被稱為明天系，總資產超過一萬億元人民幣。在 2016 年《胡潤百富》排行榜上，肖建華以擁有 400 億元人民幣的財富排名第 32 名。

據《新財富》雜誌 2013 年的調查，明天系掌控九家上市公司與控股、參股 30 家金融機構。這 30 家金融機構具體包括 12 家城商行、六家證券公司、四家信託公司、四家保險公司、二家基金公司、一家期貨公司、一家資產管理公司，這些機構資產總規模近萬億。

同時，依賴內部嚴格的保密機制、公關團隊、媒體控制等手段，明天系一直是以高度隱形的狀態長期存在，十分神祕。

目前明天系已形成以明天科技、西水股份、華資實業、愛使股份等上市公司，和交通、能源、媒體、影視、機場、飛機租賃等為核心的實體產業橫軸，以恆泰證券、新時代證券、包商銀行、哈爾濱銀行、濰坊銀行、天安財險、天安人壽、生命人壽、華夏人壽、新時代信託等為核心的金融產業縱軸，確立了產融結合的大構架。

肖在浙江吉林低價收購都涉張德江

很多評論稱，出生底層的肖建華，如果沒有官商勾結、非法盈利，不可能在 40 多歲就積累下如此巨額財富；據說肖建華是中共高層很多家庭的白手套，專門幫他們掙錢和洗錢，從中收取傭金。

肖建華經常在較小的大陸城市購買中型金融機構的股份，並通過殼公司或皮包公司來運作。皮包公司能有效地掩蓋官員擁有股份這一事實，他通常以低於市價私有化國家財產，再把獲益與中共高官及其家族成員分享，受損的就是國家和民眾。

肖建華在此一領域的系列資本運作，有不少曾被業內列為「經典」當成教材，如浙江金融租賃股份有限公司。據百度百科介紹，浙江金融租賃股份有限公司是浙江省唯一一家先後經中國人民銀行總行、銀監會批准的主營融資性租賃業務的非銀行金融機構。浙江租賃成立於 1984 年，隨著 2001 年增資擴股、資產重組的完成，公司「資本金實力更強，經營範圍更廣，金融法律地位也更為明確，進入了新的歷史發展時期」。

然而官方說的「資本金實力更強」卻是假象。2001 年 11 月，肖建華趁浙江金融租賃開展增資擴股為目的的資產重組和股份制改造的時候，明天系趁機斥資近 7 億元，溢價收購了浙江金融租賃 90%的股權，成為「浙江金融租賃」的控股大股東。

據陳思敏調查，後來中國銀監會查證，「浙江金融租賃」的股東關聯交易涉及高達 20 億元，而始作俑者正是其大股東明天系：浙江金融租賃先將明天系的資產購為已有，然後以此資產作為抵押向銀行貸款，再將資產重新「回租」給明天系，同時將從銀行獲得的資金一併返還。而在整個過程中最致命的是，明天系出售給浙江金融租賃的很多資產並不存在。最終浙江租賃破產改制，債權方以出資 7.41 億元請出明天系告終。

肖建華成功奪下浙江金融租賃所有權的 2001 年，當時浙江省最高層是省委書記張德江。2003 年肖建華又成功入主吉林省的長財證券（長春財政證券公司），當時吉林最高層是繼任張德江的省委書記王雲坤。

長財證券當時雖然只是年收入約 3000 多萬元的小型券商，但是託管金高達 30 億元左右，尤其他是由長春市財政證券公司和長春信託投資公司（證券部）合併重組的，官方不僅賣小送大，還附送一棟建成不到一年、造價 8000 萬元的新辦公大樓。國資被賤賣給明天系屬下的明天科技，得了大便宜的，不是只有明天系，還有眾多江派官員。

第二節

充當江派洗錢白手套

肖建華案涉及衆多江派高官家族貪腐，包括張德江、曾慶紅、賈慶林、戴相龍、李嵐清等。（新紀元合成圖）

肖幫曾慶紅兒子一次就撈 700 億

2006 年山東大型國有能源企業魯能被一組鮮為人知的投資公司收購，引發外界質疑。《財經》雜誌於 2007 年發表了《誰的魯能》一文，揭露山東第一大企業魯能集團的實際控制權已經易手，被廉價收購成為民企，資產規模達 738 億元的魯能，收購價僅 37.3 億元。

另有報導披露，在這筆資產轉換中，700 億的國家資產被吃掉，整個收購的過程非常隱祕和複雜，外行根本看不懂，實際收購人是曾慶紅的兒子曾偉。

2006 年 12 月，原中國電力方面的官員陳望祥上書中共國務院，要求成立專案調查組，查清魯能產權轉變中可能涉及的腐敗問題，但這封信沒得到回應。

據《紐約時報》調查顯示，這些交易的出資人卻是肖建華。魯能私有化過程中幾家涉及交易的公司均屬肖建華名下，肖被指是前台操盤手之一。正因為這起案件令曾慶紅極為被動，曾偉也逃到海外。

肖建華與賈慶林女婿李伯潭送金

2009 年 1 月，上市企業包頭明天科技股份有限公司宣布，將出資 3.5 億元，從北京昭德置業有限公司手中收購位於古城麗江的一家房地產公司。

肖建華在明天科技持有大量股份，而昭德置業的董事長李伯潭是前中共政協主席賈慶林的女婿，並擁有香港身份。

有消息稱，李伯潭與車峰以及落馬的河北政法委書記張越有經濟往來，而張越則背靠周永康和曾慶紅的馬仔、國安部副部長馬建。

聯手人行前行長戴相龍女婿車鋒

2012 年，一家中國影視公司以 3000 萬美元的出價收購了由電影導演詹姆斯・卡梅隆（James Cameron）參與創建的好萊塢特效公司數字領域（Digital Domain）。據知情人士透露，收購資金來自肖建華，以及一家由車峰控制的香港公司。車峰是中國人民銀行前行長戴相龍的女婿。

自由亞洲電台 2014 年 6 月 20 日披露，肖建華藏身香港中環的四季酒店期間，曾有人目擊他與車峰、梁軍等一眾太子黨吃飯。

據說香港某房地產公司的董事長因為自己與肖建華以及已經在大陸被抓的商人車峰向來關係緊密而「非常擔憂自身處境」。

與李嵐清兒子欲購買台灣南山人壽

2009 年 9 月，香港人吳榮輝與肖建華聯手收購 AIG 旗下的台灣南山人壽，吳當時為收購方博智金融的創始合夥人，而博智金融被指有著明顯的明天系背景，其併購資金的提供者實為肖建華。

傳言，博智金融總經理李迅雷就是中共國務院前副總理李嵐清的兒子，加上肖建華與國家副主席曾慶紅之子曾偉交情良好，台灣方面擔憂收購案披上港資外衣，背後卻隱藏中共太子黨色彩濃厚的內地資本，最終南山人壽的收購交易遭台灣官方否決。

為此，《新紀元》周刊在第 189 期（2010/09/09）的《中策併南山告吹 折射「誠信」價值》一文中提到，博智中策集團以 21.5 億美元收購美國 AIG 在台子公司南山人壽，這起亞洲最大的金融併購案，最後被台灣金融監督管理委員會否決，讓台灣 400 萬保戶的未來保險不受到傷害。《新紀元》文章寫道：當時爆料的台灣立委高志鵬就間接證實，當他公開質疑博智幕後資金來源有中資後，就接到肖建華託人說「大家可以交朋友」、「價錢好談」的消息，前來關說的包括記者、立委、同黨同志等。立委潘孟安日後也提出：「肖建華因涉及大陸股票投機買賣和內線交易，包括浙江金融控股和亞太安全兩個案件而逃亡。」

多宗併購案中都有肖與官二代身影

2012 年底，中國財團收購 AIG 旗下飛機租賃公司 ILFC 案，併購交易額高達 42 億美元，明天系和肖建華本人再度被指為真正的幕後操盤者。

在中國平安高達 15.57％的第一大股東轉讓案中，匯豐控股表面上的接盤者是泰國正大集團，不過多個公開報導均指向肖建華和他的明天系才是真正的買家，資金則騰挪自其具備影響力的三家城市商業銀行——哈爾濱銀行、山東濰坊商業銀行和包商銀行。

肖建華很多交易都非常祕密，但也有一些被曝光出來了，其中最廣為人知的就是太平洋證券收購案。

肖建華與原證監會副主席王益關係密切。有人說，肖建華是繼湧金系掌門人魏東之後，王益著力栽培的第二個「學生」。2007 年 12 月，肖建華將三年累計虧損 8428 萬元的太平洋證券上市，並惹來大批股民瘋狂跟風炒作。2010 年 4 月，隨著王益被判處死刑、緩期二年執行，肖建華的明天科技被披露虧損 9.6 億元，後直接封於跌停板。肖出國躲避風頭。

據《蘋果日報》2017 年 2 月 2 日報導，徐翔曾與肖建華有交集，他們的發家和隕落軌跡是雷同的，此類別人物還有北大方正的李友。當年，大陸的明天系、湧金系和德隆系並稱為 A 股三大派系。2008 年大陸爆太平洋證券違規上市案，湧金系魏東在北京跳樓自殺保守了祕密，德隆系老闆唐萬新入獄。

報導說，大陸微信圈舊事重提，盛傳同樣涉案的明天系肖建華因當年和盤托出涉案人員名單，從而能夠全身而退。

令人關注的是，無論是肖建華、徐翔還是李友，皆被曝曾供出他人的消息。那麼對於曾經有過招供經歷的肖建華，有評論說「估計此次也會是如此」。看來肖建華背後的權貴們要徹夜難眠了。

充當白手套 肖建華是超大號徐翔

有消息說，肖建華與「私募一哥」徐翔有交集，他們皆是替中共太子黨們圈錢、洗錢的「白手套」，只不過肖建華的白手套比徐翔的大了很多倍。

據大陸媒體報導，一群金融精英與太子黨攜手，操縱權力尋租的遊戲，這其中以上海澤熙投資法人徐翔為代表。徐翔於 2016 年 12 月被青島檢察院指控實際控制近百人的證券帳戶，操縱上市公司股票交易價格和交易量，從中獲利。徐翔於 2017 年 1 月 23 日被判處五年半徒刑，並被罰款 110 億元人民幣。

而實際上媒體早已披露，徐翔是替太子黨與高官們圈錢、洗錢的「白手套」，還捲入了 2015 年夏秋之際的「金融政變」。就在徐翔被判刑之際，2017 年 1 月 24 日，有大陸媒體將肖建華與徐翔並提，結果三天後的大年三十，肖建華就被抓。

文章說，跟徐翔類似，肖建華也是一個低調到幾乎沒啥照片流傳的人。但跟澤熙系不同的是，明天系的觸角更多、更寬廣。不光在證券市場，在銀行、保險、信託、基金等領域有著廣泛布局，背景也複雜深厚得多，是中國真正意義上的資本巨頭之一。中國股市是一個巨大的利益場，要想攫取利益，路徑基本都是類似的。雖然過客們形形色色，但所信奉的邏輯卻是相似的，這些人依附在規則的漏洞上、監管的暗角裡，低調而華麗地生存著。

文章評論說，中國股市雖然跌跌撞撞地發展了近 30 年，但無疑仍處於蠻荒時代，而資本巨頭們都是這個蠻荒時代的超凡怪物。

第三節

肖掌控兩萬億資金 呼風喚雨

清理肖建華，是金融領域清洗升級的表現，為的是防範江派再次搞「經濟政變」。（AFP）

肖掌控 2 萬億資金 中南海頭號大案

據 2017 年 2 月 3 日香港《大紀元時報》獨家報導，肖建華回到大陸，該事件震盪中南海和香港政商界，因為牽涉的中共權貴高層人數眾多。「肖建華案是目前中南海頭號大案，中共內部估計其掌控資產高達 2 萬億人民幣。」

消息稱，肖建華正被北京調查，目的是牽出更多江派要員，包括前中共黨魁江澤民、曾慶紅以及現任政治局常委張德江等。另外，肖還和香港特首梁振英關係密切，出入禮賓府，其在港參與的協會涉及香港多名富豪。肖出事後，很多和他有交集的中共江派權貴以及中港紅色富豪人心惶惶。

中南海消息人士透露，肖建華是中共江派高層最重要的錢袋子「管家」，屬金融界最大老虎之一，北京評估其經手的資產多達2萬億人民幣（近3000億美元）。鑑於肖與多名江派「大老虎」的關係千絲萬縷，故當局已經內定為當前中南海頭號大案，非常重視。其本人亦涉多宗金融詐騙和刑事犯罪，長期匿藏香港。

「江派透過肖等操盤手，將中國的國庫掏空。他本人涉及多宗金融詐騙和犯罪。現今大陸銀行爛帳壞帳數目驚人，和他們都有不可分割的關係。所以習當局下決心要把他抓回去調查，以他為突破點，會清理一大批金融界的大佬。」消息人士還透露，有人在內蒙古詐騙了17億，以旗下公司名義貸款，然後宣布破產，令銀行蒙受損失，但資金就進了自己家。而對外卻查不出來和他的關係。

藉香港為江派逃資洗錢

另有香港證券業消息稱，為人低調神祕的肖建華，透過旗下公司活躍於香港證券行，多涉足金融和銀行、保險類股。幾單大交易，包括收購萬家文化，以及堵截萬科等都有其影子。今次肖被帶回北京調查，料目的是要堵截資金外流。「大陸資金外流嚴重。他們透過肖建華等幾個金融大鱷操縱，藉香港平台走資，行內都知道。只不過他們都非常低調。」

該消息人士披露其操作手法是玩財技，將國內公司收購，然後在港買殼上市炒作，再高位套現，成功將江派資金洗白。據知和肖建華關係密切的包括本港多個富豪，以及某證券行老闆，以及金融界多名選委都有捲入，牽涉的官、商、政界人數眾多。

港媒稱肖有 30 多個私生子

肖建華平日有八名保鏢傍身，業界知其名者多，見其真容的為數極少，足見其行蹤神祕，媒體也鮮有其照片。

據《壹周刊》2014 年報導，有「最神祕金融巨鱷」稱號的肖建華的事情在香港財經界廣為流傳，財經界甚至有傳言，他因太有錢，經常找不同的女人替他生小孩。一名圈中人指，「市場傳聞他有 30 多個子女，每生一個，送 5000 萬美金！」（不過該消息沒有得到證實）。

報導稱，肖建華近月來港，以香港中環四季酒店為家，在四季酒店長期包十幾個房間，但不是以實名登記，酒店職員都知道有此人。肖建華每天在多名美女保鏢下見客談生意。這些美女保鏢的服務「無微不至」。有一次，肖建華在國際金融中心商場內不停講電話，女保鏢跟在身後，並在他頸後「攝」入毛巾索汗，如同保母。

《蘋果日報》援引消息人士的話說，肖建華早在五年多前已租用四季匯，長期租住至少五個房間，如同祕密行宮。據悉，肖建華平日衣著十分樸素，「每次都戴冷帽，穿鬆身衫褲，著布鞋，一點都不似老闆」。

肖雖然足不出戶，但不時會有女性朋友到四季探訪他，其中部分女性朋友會攜同小孩。她們中部分來自大陸，肖有時會安排貼身保鏢陪同她們遊覽香港。消息人士說，肖建華當年安排一名祖籍安徽的女伴來港生產，女伴誕下女嬰後，住在四季匯 19 樓，女伴的母親亦來港同住；女伴坐月期間，又以月薪 2.4 萬元聘請 24 小時陪月員。據說，傭人都稱呼該名 37 歲的女伴叫「馬教授」。

肖建華曾多次來探望「馬教授」及女嬰，但每次逗留五分鐘左右便離開，亦甚少跟別人說話，平時也會遣人送來參茸海味。

習反腐反到資本核心 動蕩中除陰霾

時事評論員謝天奇分析說，在習江鬥升級的大背景，習引爆肖建華案一箭三鵰：第一，肖建華目前正被北京調查，目的是牽出更多江派要員，包括前中共黨魁江澤民、曾慶紅以及現任政治局常委張德江等。

第二，清理肖建華，是金融領域清洗升級的表現，為的是防範江派再次搞「經濟政變」。2015年6、7月，大陸發生股災，「救市主力」證監會和中信證券卻聯手做空股市。這次股災被認定為針對習近平當局的一場「經濟政變」，包括江澤民、曾慶紅、劉雲山家族成員在內的很多的江派大員參與其中。

其三，清洗江派香港勢力，促發香港變局。香港是江派重要窩點，江澤民、曾慶紅一直操控香港黑白兩道，發動針對胡錦濤、習近平的攪局行動。目前主管港澳事務的中共中央港澳工作協調小組組長是江派常委張德江，現任香港特首梁振英是曾慶紅培植的馬仔。

如今在反復權衡後，習當局還是不顧香港的特殊之處，把肖建華帶回北京，這驚人之舉無疑釋放了非常強硬而且非常清楚的信號：凡是和肖建華有關的中共高層那些家族，包括江澤民、曾慶紅、劉雲山、張德江、賈慶林、梁光烈、李嵐清、戴相龍等，無論是太子黨還是官二代，無論是左派還是江派，凡是搞過瞞天過海、侵占國有資產的資本大鱷們，都會看清—— 2017年習近平、王岐山反腐反到最核心部位了——金融資本市場的反腐，將給雞年的中國帶來無數衝擊。

往年紅二代太子黨們都要搞新年團拜會，以往大多數太子黨紅二代是擁護習近平的，可以猜測，2017年的紅聚會，氣氛將大不相同，因為他們的利益受到衝擊了。這些既得利益的太子黨們，當反腐反到自己頭上時，會做出什麼舉動來？可以想像，在隨後3月的兩會、8月的北戴河會前，中共政局將颳起一陣猛過一陣的狂風暴雨，否則，籠罩大地的厚厚陰霾怎麼清除呢？

第二章

兩個司令部較量
習圍攻曾慶紅

面對中共撲朔迷離的政局，大陸體制內專家表示：中共兩個司令部在「你死我活的較量」。江派公檢法系統對習近平叫板得厲害；而習近平和王岐山不會退縮，沒有必勝的把握不出牌。專家推論，中共十九大前必拿下江澤民和曾慶紅。

為江澤民利益集團撈錢洗錢的「白手套」肖建華已在王岐山掌握之中，十九大前必拿下江澤民和曾慶紅。（大紀元合成圖）

第一節

中共兩個司令部在「你死我活的較量」

一進入丁酉雞年，「雄雞一聲天下白」的感覺慢慢明顯起來。隨著金融大鱷們一個個相繼被查，張德江南下發表香港特首的「欽點」說法，還有習陣營對十九大提出的各種新穎要求，都意味著習近平與江澤民的較量，走到最後也最關鍵的時刻。

中紀委發文暗喻 官場你死我活爭鬥

2017年2月初，陸媒轉發中紀委官員習驊發表在《廉政瞭望》2016年第24期的文章《你死我活的較量——清代淮安奇案及其啟示》。文章藉清朝嘉慶時期發生的一個貪官害死督查官員而製造自殺假象的事，隱喻當年習江鬥的生死較量。

當時，被江蘇巡撫派往淮安府山陽縣賑災工作督查組負責人李毓昌，查出山陽縣令王伸漢獨吞了9萬兩賑災款中的2萬3000

兩。王伸漢幾次想行賄李毓昌被拒後，終起殺心。

於是在送行時，李毓昌中了陰謀，喝下一碗毒藥，當場死亡，並被幾個人偽裝成懸梁自盡的狀況。在王伸漢的淫威下，法醫也只好按照領導意圖給出結論：自殺。

文章總結道：「反腐敗鬥爭雖不像戰場上那樣炮火連天，但絕對是你死我活的較量，勇氣和智慧缺一不可。」

習驊現任中紀委駐國家鐵路局紀檢組副組長、監察局局長。他已經在中共官媒發表多篇借古喻今的文章。最引人關注的是習驊此前在中紀委官網發表《大清「裸官」慶親王的作風問題》的文章，內容明顯影射當今政治，引發外界解讀熱潮。

當時，海內外輿論幾乎一直認為文中的「慶親王」在影射曾慶紅，最巧的是，曾慶紅名字裡恰恰有一個「慶」字。

如今在新年開始時官方再度轉載習驊的一篇舊文，突顯了習江鬥中生死較量的慘烈。

2 月 13 日，習近平在對中共省部級高級幹部的講話中，強調黨內幹部要「嚴格自律，警惕利益集團的『圍獵』」。這是習近平自 2012 年中共十八大上任執政之後，首次在公開講話中出現「警惕利益集團」的提法。

兩個司令部 江派公檢法叫板習

面對撲朔迷離的政局，中共體制內專家辛子陵根據自己長期對中共黨史的研究及宮廷鬥爭的了解，向《大紀元時報》記者談了他對時局的判斷。他認為肖建華被帶回大陸對解決江、曾問題是重大突破，因為目前中共高層是兩個司令部，江派公檢法系統對習近平叫板叫得厲害，處於瘋狂狀態。

他認為目前江派和跟其利益一致的公檢法高層都到了生死關頭了，所以他們要瘋狂反撲；對習近平和王岐山而言這是一場輸不起的鬥爭，所以他們要步步為營，沒有必勝的把握不出牌。中共十九大前必拿下江澤民和曾慶紅。

他舉了兩個例子來說明。一個是雷洋案，「習近平對雷洋案明白批示四個字——『公開公正』。結果公安部就搞出來 4000 警察簽名說：『你要追到底要把我們警察抓出來，我們都要罷工了，就沒人執法了，國家治安沒法維持了。』實際上（他們）在對習近平施加壓力，最後是這麼一個解決了。但這也暴露了他們的意圖，公檢法那些人擰成一股繩，在這條戰線上抵抗習近平、抵抗王岐山。」

另一個是兩高（最高法、最高檢）突然針對法輪功再拋出了關於所謂處理 X 教問題的司法解釋。辛子陵說：「習近平召開的宗教會議，對法輪功問題在高層，他已經亮過明觀點（要停止迫害）。他們（兩高）敢這麼幹，這是直接針對習近平，就是還要執行江澤民那一套，習近平這些新的決定、新的說法不算數。」

據維權網消息，截至 2017 年 2 月 3 日，大陸民間興起要求罷免周強的聯署活動，目前參與聯署的各界公民人數已破千，達到 1056 人。

辛子陵認為：「目前來說，江派他們確實是到了生死關頭了。習近平要大家『有案必立、有訴必理』，因此有 20 多萬狀告江澤民這些人。如果這次對法輪功真的按有案必立、有訴必理，真正地按公平正義的原則來處理這些問題，下一步江澤民就要以反人類罪被送上審判台了。在這個時候他不想辦法脫身？他如果上審判台，那周強、曹建明他們也不好過。高法、高檢和公安部，他們是主要的執行者，所以他們為了自己也只能是垂死掙扎了，所以鬧了這麼一把，這是他們的瘋狂反撲。」

習王不退縮 沒有必勝把握不出牌

他強調：「兩高這個司法解釋是政治鬥爭，如果習近平在這點退了，那就是失信於天下、失信於全國人民。」「我判斷，習很可能在兩會之前會有一個大的動靜，給反對陣營一個打擊，給人民一個振奮。」

辛子陵還表示：「現在肖建華已經被王岐山掌握在手裡面，抓江澤民、曾慶紅繩之以法這個事情就容易解決了。」

「如果這兩個人的問題不解決，等於反貪打虎失敗。那些人會抱成團，在江、曾的率領之下進行大反攻，那就了不得了。所以江、曾的問題在十九大以前一定要解決，不會不解決。這個不僅關係到中國的改革開放、中國的國際名聲、整個國家事業，也關係他們自己的身家性命。」

「習近平、王岐山非常清醒，這是一場輸不起的鬥爭，不能輸。所以他們要步步為營，沒有必勝的把握不出牌。」

第二節

政治局定候選人四規則
王岐山要動常委

2017年2月中旬，據港媒與海外中文媒體披露，習近平當局正緊鑼密鼓籌備十九大換屆工作。中共中央政治局已通過有關提名政治局常委、政治局委員、中央書記處書記、中紀委副書記等準候選人的四條規則：

其一，必須得到中央政治局委員80%以上的贊成票；

其二，被提名的準候選人向政治局會議、政治局擴大會議陳述個人抱負；

其三，被提名的準候選人必須公開公示本人、配偶及家屬的經濟收入與財產，接受黨內外監督；

其四，被提名的準候選人必須接受配合組織審查、核查，並承擔相關法律責任。

公示財產堵死江派官員晉級之路

報導援引北京知情人士的說法稱，十九大將是一次完全由

「習核心」主導的會議；上述四條規則打破每次換屆都是黨內派系鬥爭妥協的潛規則，十九大或許將有很多讓外界側目的新變化。

不過知情人士也指，儘管「習核心」已經確立，但是十九大中共高層權力爭鬥仍然是主流，充滿了驚險。而且中國沒有新聞自由、沒有三權分立，任何政治改革都很艱難，或難以實施。

外界關注，習當局設立的晉升規則若屬實，僅僅公示財產「接受黨內外監督」一項就堵死了江派官員的晉級之路。

2015 年底，有港媒消息稱，中共十九大籌備工作領導小組已成立，習近平任組長，其搭檔李克強、王岐山任副組長，而江派三常委未能進入籌備工作領導小組。該小組以「絕對忠誠」、「絕對合格」以及在經歷和家屬及親戚等社會關係方面的「絕對安全」等五大原則，考慮十九大晉級的人選。

2017 年 1 月 19 日，中共官媒全文刊發 2017 年年初王岐山在中紀委七次全會上的講話，其中在「2017 年工作布署」的第一點強調，王岐山領導的中紀委對中共中央委員、中紀委委員、省部級高官「政治上有問題的一票否決」。

自 2016 年 6 月底以來，習近平先後在 6 月 28 日政治局會議、「七一」講話、7 月 26 日政治局會議、9 月 27 日政治局會議，以及 10 月 27 日的六中全會公報中，至少五次直接點名現任政治局常委。六中全會通過的政治生活準則與監督條例，相當於在中共內部制度層面上廢除了「刑不上常委」的潛規則。

肖建華以及眾多金融大鱷被查後，上述跡象顯示，習陣營要對江派現任及離任常委動手的信號越來越強烈。

第三節

習十九大將撤換逾 200 名中委清洗江派殘餘

據中共當局和官媒發布的通知，2017 年兩會召開前的 1 月和 2 月，逾 130 名省級高官職位變動，遠高於近幾年的水準。

《華爾街日報》3 月 3 日報導，習近平 2016 年底開始高層人事調整，當時習近平的兩名親信分別被任命為中共國家安全部長和北京市長。另有兩人後來分別升任中共商務部長和國家發改委主任。習近平一些親信獲任的職位被認為是通往中共領導層手握大權職位的跳板。

報導說，在 2017 年秋季進行換屆時，中共最高領導機構中央政治局的七名常委中至多有五人將退休，而王岐山可能會留任。另外，在包括各部長、國有行業主管及軍方將領的 376 名中央委員中，預計將有超過 60%的人被替換。

中共黨內人士稱，習近平已經做好準備，要把這些空缺安排給「忠誠人士」，但習仍需要與一些即將離任或已退休的中共領導人競爭，因為這些人也希望提拔自己的人馬。

中共 18 屆中央委員共有 205 人，還有 171 名中央候補委員，其中 25 名中央政治局委員是中共中央核心成員。

法國國際廣播電台 2016 年 12 月曾報導，習近平要放開手腳，自定人選，確保組成一個聽命於自己的「政治局班子」。

各地「諸侯」和國務院部長提拔調動頻繁，正是習近平在加速給自己的人馬增加資歷分量、積累高層政治經驗，同時讓他們進入能隨時起跳進入政治局的關鍵崗位，從而為未來自己繼續合法掌權做好鋪墊。

「自由派習粉」2016 年 11 月曾向港媒透露，習近平矢志在十九大領導高層，通過習家軍的絕對優勢比例，打破此前江澤民勢力在中共政治局常委、政治局委員中占絕大多數的局面，終結「政令不出中南海」的掣肘現象。

他說，可能進入政治局的人選有：習近平浙江舊部、浙江省委書記夏寶龍；習近平浙江、上海舊部、上海現市長應勇可能接替韓正而順利「入局」；中央財經領導小組辦公室主任劉鶴，是習的中學校友，入政治局無懸念。

「自由派習粉」說，中央辦公廳常務副主任、習近平上海舊部丁薛祥，中組部常務副部長、習清華大學室友陳希等人也可能「入局」。

值得一提的是，習近平在這四年多的反腐「打虎」運動中，已逮捕了 13 名中央委員、14 名中央候補委員，他們都被指是清一色的江派人馬。

習兩會前擒三「老虎」 為十九大布局

中共政協、人大召開之前，習近平當局接連拿下與江派有關的三名「老虎」。外媒認為，這是習近平為十九大布局。

2017 年中共兩會前夕，習當局在 2 月最後一天抓了遼寧省人大副主任李文科，3 月 1 日抓了上海「政法首虎」、前檢察長陳旭，3 月 2 日抓了中共政協港澳台僑委員會主任、中央委員孫懷山。

據法廣 3 月 4 日報導，北京當局高舉反腐重錘，多個「首虎」被砸，2017 年兩會會期就在 3 月 3 日這錘聲響虎哀鳴中拉開序幕。儘管 2017 年兩會是年度例會，同時是本屆人大和政協最後一次會議，但更成為十九大最大一場鋪墊襯託。

《華爾街日報》3 月 3 日說，本周日召開的中共人大會議，是中共高層商定未來五年權力架構之前最後一個重大政治事件。人大基本是一個橡皮圖章式議會，但過去出現過批評當局政策的行為。

時政評論員石實表示，在中共兩會前夕，習近平當局連抓三隻與江派有關的「老虎」，震懾江派意圖明顯。

石實認為，習近平當局通過抓捕江派人馬，讓企圖在本次兩會議上向當局發起攻擊的可能性降到最低；政協主席俞正聲在報告中多次強調「習核心」，也是給中共高層、全國通報，需要聽「習核心」的。這為習全面掌控十九大人事布局奠定了基礎。

落馬的李文科被指是遼寧幫人員，一直在遼寧任職，據悉，李涉嫌買官賣官問題。落馬的陳旭是上海幫成員，曾任江澤民親侄吳志明的副手，吳任上海市政法委書記時，陳旭任副書記。陳旭曾在法院、檢察院、政法委擔任過要職，是上海政法系統的一員「宿將」，他的被查給人一種揭蓋子的感覺。

落馬的孫懷山被指是「政協大管家」，任中共政協副祕書長達 17 年，曾跟隨江派前常委賈慶林 10 年之久。

外界猜測，孫懷山出事，或與賈慶林有關聯。孫懷山與令計劃也有工作交集。1987 年到 1994 年，孫懷山先後任共青團中央辦公廳副主任和主任，而令計劃在 1990 年到 1994 年期間擔任共青團中央辦公廳副主任，他們曾是同事。

兩會前清洗成常態

習近平上台後，兩會打「虎」已成常態，2017 年兩會前夕再有多隻大老虎落馬，中共政協首當其衝。

3 月 2 日中共政協會議前一天，中紀委官網通報中共港澳台僑委員會主任孫懷山「涉嫌嚴重違紀」接受審查。孫懷山成為 2017 年中共兩會的第一個落馬老虎，也是最新落馬受查的正部級官員、中共中央委員。

政協職位雖然並無實權，但過去十多年來成為江澤民集團統戰、滲透及收買的「政治工具」，香港不少富豪、高官甚至黑道富商為得到政治好處熱買政協「頭銜」。香港《成報》2016 年也曾披露，中聯辦主任張曉明等人利用統戰機會設立大量社團為自己撈錢。

2016 年 10 月，中紀委第五巡視組曾批評中共政協機關「一些部門和企事業單位利用政協資源謀利」。

據香港《東方日報》報導，孫懷山是中共政協機關的大管家，手中掌握中共政協委員席位擬定等大權，哪個省多一席少一席，港澳地區以及各界別政協委員的增減，孫懷山都有很大的話事權，這自由裁量權給了他源源不斷的黑金。每屆中共政協委員推選之時，便是孫懷山發財之日。

除了孫懷山，外界還注意到官方公布的「政協會議祕書長、副祕書長名單」中，賈慶林的另一名祕書仝廣成也不在列。

現年近 64 歲的仝廣成，任中共全國政協機關黨組副書記，曾任前政協主席賈慶林辦公室主任、祕書、政協機關黨組成員，2013 年 7 月，仝廣成任政協機關黨組副書記、紀檢組組長、副祕書長。

目前，政協港澳台僑委員會正值多事之「春」，政協委員王穗明請辭；孫懷山落馬；原任該委員會副主任的國台辦前副主任鄭立中因「嚴重違紀」，被撤銷中共政協委員資格，卻仍被國台辦發言人稱為「同志」，被指其是個人原因被免職，根據慣例估計可能是紀律處分。

吳愛英和一幫將軍未循例入政協

2017 年中共兩會前一周，人大和政協均增補了部分專門委員會的副主任，分別是一批剛卸任的地方官和一些卸任的國務院部委官員。

如廣東前省長朱小丹、重慶前市長黃奇帆等人進入人大。原發改委主任徐紹史、商務部長高虎城均被安排擔任中共全國政協專委會副主任，尚福林則到中共政協經濟委員會就任。但同期卸任的原司法部長吳愛英，卻未獲安排。

此前，司法部政治部主任盧恩光嚴重違紀下台，外界紛紛揣測其頂頭上司兼山東同鄉吳愛英難逃干係。

一大批被解職的中共軍隊正戰區級上將，也未在這一輪人大政協增補中出現，引起外界好奇。

按級別，卸任的國防大學政委劉亞洲，前北部戰區政委褚益民，聯參部四名前副參謀長孫建國、徐粉林、戚建國、王冠中，政工部兩名前副主任吳昌德、賈廷安，軍紀委書記杜金才等一眾將領，不僅都屬正戰區職軍官，而且都有上將軍銜。但近月來他們不僅在公開報導和公眾視線中消失，也未被增補入人大或政協，被外界認為情況極不尋常。

《明報》分析認為，這樣的情況只有幾種可能性，一是現時人大政協專門委人滿為患，無法一下子容納這麼多退役將領，但無法解釋為何黨政正部級官員一退即獲安排。

另一種可能性是這批退役將領多少都受前軍委副主席郭伯雄、徐才厚連累，需逐一調查甄別，在查清後才予以安排。最後一種情況就是，今後退役將領一概不再安排進人大政協「養老」。

以往，中共軍方上將級正戰區（以前的正大軍區）職將官，退役後多會退居二線閒職。如不久前退役的劉少奇之子、中共總後勤部政委劉源上將就進入了中共人大財經委員會任副主委。

在中共人大政協各專門委員會任副主委（副主任）的還有副總參謀長章沁生上將、前二炮兩任政委彭小楓和張海陽、前武警司令吳雙戰、前海軍政委劉曉江、前副總參謀長侯樹森等。

大事件前奏 軍紀委書記換人

在 2017 年兩會前的中共中央軍委紀委擴大會議上，軍紀委書記張升民主持會議並作工作報告，顯示杜金才已卸任軍委紀委書記。杜金才剛到中共上將 65 歲的最高服役年齡。

接近軍方的消息人士對《南華早報》表示，65 歲的杜金才可能是到齡退休。但他與郭伯雄、徐才厚關係過近，讓他也有被調查的可能。

消息人士對《南華早報》透露，杜金才的離任或說明他將接受調查。杜曾被指涉郭伯雄、徐才厚案。其先後在郭伯雄的老巢蘭州軍區任政治部副主任、蘭州軍區 21 軍政委、成都軍區政治部主任、總政治部主任助理與副主任等職。

在 3 月 5 日中共兩會的分組審議報告中，中共軍委主席范長龍再次強調「從嚴治黨」，「全面徹底肅清郭伯雄、徐才厚流毒影響」。分析稱，杜金才離任表明了習近平決心在十九大前夕清除徐、郭有害影響。

除了杜金才，傳已有多個上將被查，包括賈廷安、李繼耐、廖錫龍、張樹田、朱福熙、蔡英挺和張仕波。這些人都是前中共黨魁江澤民的親信、徐才厚和郭伯雄的黨羽。

第四節

十九大前哨戰
習王五波行動圍剿曾慶紅

習近平當局正式啓動中紀委「第二號專案」，瞄準江派第二號人物、前中共國家副主席曾慶紅。（Getty Images）

從 2016 年 12 月至隔年 3 月，不到四個月時間內，習當局否決梁振英連任、引爆肖建華案、洗牌香港中聯辦高層人事、展開「雷霆行動」掃黑、啟動中紀委「第二號專案」。為了清障十九大，習當局已至少發起五波行動指向曾慶紅家族及其操控的香港勢力。

肖建華供出 董平傳兩會期間被帶走

中共兩會結束後，據接近中南海的消息披露，肖建華案由中紀委設專案組審查，肖只是江家錢袋子經手人之一，肖已吐出密切合作的多名江派金融大鱷。其中，電影大亨、歡喜傳媒主席兼執行董事董平傳出在北京兩會期間，於 3 月 10 日在戒備森嚴的京西賓館被帶走。

董平最後一次在媒體露面，是 2017 年 1 月 20 日接受大陸媒體採訪，之後未有公開露面。

現年 56 歲、出生在內蒙古的董平，持香港身份證，有「中國電影教父」之稱，投資拍攝電影《臥虎藏龍》及《讓子彈飛》等多部大片；又和肖建華一樣，是資本操作高手。

消息人士透露，董平出事，是肖建華供出的。早在肖建華出事時，媒體起底式地披露肖建華政商圈中，就點出了董平的名字。

這已不是第一次傳董平出事。早在 2014 年 1 月 9 日，因涉周永康案，董平一度需協助調查。旗下上市公司「文化中國」停牌。董平甩身後，一直保持低調。

2017 年 1 月 27 日大年三十，明天系掌門人肖建華被從香港四季酒店帶回北京扣查，至今數月；事件震驚海內外，被視為目前中南海頭號大案。肖建華被指助中共江澤民集團圈錢、洗錢，是曾慶紅之子曾偉的「白手套」，其關係網還涉及戴相龍女婿車峰、周永康馬仔李東生、曾慶紅弟弟曾慶淮、前常委賈慶林女婿李伯潭，及中國電影大亨董平等人。

董平和肖建華有交集

據《南方周末》2014 年的一份報導稱，肖建華和董平有明顯交集。

2005 年，董平把保利華億部分股權間接注入香港上市公司友利控股，實現借殼上市，並更名為華億新媒體。兩年後，董平套現退出，接盤方是中國網通前 CEO 田溯寧創立的中國寬帶產業基金。2009 年，董平再次通過同樣的借殼手法，入主另一家香港上市公司上聯水泥，更名文化中國。

在董平和文化中國背後，也隱藏了北大青鳥系和肖建華明天系。明天系以 2 億元人民幣從青鳥系手中取得北大文化 80% 股權之後，這個兩系合資的公司，再次在資本市場上亮相，即是 2009 年董平借殼上聯水泥時，注入的最大一筆資產。

根據文化中國公告內容，通過協議控制的方式，文化中國在 2009 至 2010 年間，先後獲得了北大文化 70% 和 30% 的股權，代價總計 6.19 億港元，其中有 1.19 億港元是現金支付，其他通過發行可換股債券支付。而同期董平注入上市公司的其他影視資產，價格只是幾千萬港元。

明天系和青鳥系通過幾年囤積，以近 2.5 倍溢價把北大文化倒騰至香港上市公司旗下。

借殼完成之初，董平接受媒體採訪時說：「不到四個月，我個人資產買這個殼公司，進入帶了一個多億，什麼都還沒做，市場就把錢給我了，股價從 2 毛漲到 8 毛，之後我融了兩輪錢，拿到 2.1 億港元，加上處置原公司資產拿到的兩個億，現在帳上有約 4 億元資本。

值得留意的是，肖建華和董平，同是在內蒙古起家。內蒙古包頭不僅是肖建華事業的重要發跡地，還是肖建華之妻周虹文的家鄉，以及長期夥伴董平的出生地。

中紀委「第二號專案」鎖定曾慶淮

消息人士透露，因肖建華「全面招供」，習近平當局已經正式啟動了中紀委「第二號專案」按鈕，即向曾慶紅家族動刀，下一個受查者直指曾慶紅弟弟曾慶淮。至於「第一號專案」則是針對江澤民。

董平和曾慶淮，以及英皇老闆楊受成，被外界稱為「娛樂大亨鐵三角」。

因肖建華「全面招供」，習近平當局已啓動中紀委「第二號專案」按鈕：向曾慶紅家族動刀，其弟曾慶淮（圖）高危。（大紀元資料室）

2011 年中共建黨 90 年，董平與楊受成合作投資開拍吹捧中共的《建黨偉業》，由曾慶淮出任電影總顧問。

曾慶淮是中共前文化部駐港專員，有中國文藝界「幕後大佬」之稱，長期居住在香港，包括肖建華喜居的四季酒店，以及在灣仔會景閣長租套房，另有消息稱他在北角多處有豪宅。

曾慶淮被指是曾慶紅在港代理人。除涉足娛樂圈外，有消息稱，他還負責收集在香港被中共列為「反對派」的團體和法輪功團體的情報，拉攏藝人搞統戰、在關鍵時刻為江澤民集團站台。

董平與曾任央視副台長的李東生，以及被傳是曾慶淮情婦的梅婷關係匪淺，後者曾在董平投資、主創、發行的電視劇中擔任過主角，如電視劇《玻璃婚》、《稅務所的故事》等。

董平搞電影前，效力過中共軍方背景的保利集團。2003 年，央企保利集團旗下的保利文化，以 6120 萬元人民幣的金額取得北大華億影視約 50%股權，並掛牌成立了保利華億傳媒，董平出任總裁。這筆交易當時被媒體稱為「中國文化產業最大併購案」。

2005 年董平搭上低調殼王高振順，將保利華億借殼上市，並出任主席。2009 年將文化中國（後稱阿里影業）借殼上市，2014 年他把文化中國按 104 億港元的估值賣給了馬雲。

2015 年董平再度借殼上市，又夥同高振順、兩大內地導演徐崢及寧浩入主歡喜傳媒，打造明星影業股。董平現任歡喜傳媒主席兼執行董事。

四個月內 習王五波行動圍剿曾慶紅

2016 年以來，已多次傳出曾慶紅父子被內控的消息。除了曾慶紅多次缺席中共高層集體露面活動之外，其兒子曾偉與其胞弟曾慶淮也鮮有公開活動報導。

曾慶紅自 2003 年出任中共中央港澳工作協調小組首任組長，一直在香港培植親信勢力，操控香港黑白兩道。在曾慶紅的操控之下，香港成為江派頻頻發動針對胡錦濤、習近平的攪局行動基地。

從 2016 年底到現在短短數月時間內，習當局除了啟動「第二號專案」外，另外至少還有四波行動指向曾慶紅家族及其操控的香港勢力。

第一波行動，2016 年 12 月 9 日下午，香港特區行政長官梁振英突然緊急通知傳媒召開記者會，正式宣布因家庭原因不競逐 2017 年第四屆特區行政長官。

早在 2016 年北戴河會議前後，梁振英在香港破壞「新唐人舞蹈大賽」，進行攪局之後，習陣營即開始釋放倒梁信號。消息人士透露，習近平當局派密使南下，叫停梁振英連任步伐；並稱習當局不但不讓梁振英連任還要收拾他。

梁振英由曾慶紅扶植，上任四年來不斷激化香港社會矛盾。作為江、曾在香港勢力的風向標人物，梁振英無緣連任下屆特首，象徵江澤民、曾慶紅大勢已去。

梁振英由曾慶紅扶植，上任四年來不斷激化香港社會矛盾。梁振英無緣連任下屆特首，象徵江、曾大勢已去。（AFP）

第二波行動，2017 年 1 月 27 日大年三十，曾慶紅家族的錢袋子、明天系掌門人肖建華被習當局由香港帶回大陸。消息稱，肖建華案被定為中南海頭號大案；習當局下決心要把肖建華抓回去調查，將翻出金融犯罪大案，目的是牽出更多江派要員，包括江澤民、曾慶紅以及現任政治局常委張德江、劉雲山等人。

第三波行動，香港中聯辦人事變動。2016 年 12 月 30 日和 2017 年 2 月 28 日，習當局在兩個月內接連「空降」兩名中聯辦副主任，包括前中國科學院副院長譚鐵牛和習近平舊部、原福建省委常委、政法委書記陳冬到任。《大紀元時報》還獲悉中聯辦主任張曉明將在三個月後被調職處理。

曾慶紅的心腹馬仔梁振英被習當局叫停連任步伐後，已多次傳出和梁關係密切的中聯辦主任張曉明成為下一個「出局」的目標。消息稱，最有可能接替張曉明的是陳冬，因為中聯辦副主任已經有八人，從內部提升可能性最大。預計未來中聯辦的江派勢力會被慢慢瓦解。

第四波行動，中共兩會期間，據《南華早報》3 月 8 日報導，粵港澳三地警方自 3 月 6 日開始聯手展開名為「雷霆行動」的馬拉松式掃黑行動，為期六個月。

江派在香港發動對抗胡、習的攪局行動中，頻現香港黑幫身影。不僅如此，香港黑幫早已滲透香港政商圈。梁振英的特首身份被認為是紅黑結合的產物，一半靠中共地下黨的紅色身份和力量，一半靠黑社會的鼎力支持。

「雷霆行動」持續半年，與香港特首選舉及就職敏感期的安保直接相關，更完全覆蓋北戴河會期；意味著十九大前，曾慶紅操控的黑幫勢力面臨深度清洗。

2016 年 8 月底以來，香港《成報》連續發文抨擊主管香港事務的江派常委張德江、香港特首梁振英、中聯辦主任張曉明等人，成為香港政治變局的信號。此後，圍繞香港特首爭奪戰，習江雙方博弈日趨激烈，並在常委層面展開對決。十九大前哨戰在香港激烈展開。

時政評論員謝天奇表示，習當局連環清洗香港政商圈及黑幫勢力，並鎖定曾慶紅家族，可防範江派垂死反撲，為十九大平穩換屆清障。可以預期，中共十九大前夕，習陣營對江派香港勢力、曾慶紅家族以及江澤民家族的清洗、震懾力度還會不斷加強。

第三章

金融第一虎
項俊波被秒殺

北京高層透露，習近平在 2017 上半年要拿金融大鱷、下半年動文藝界。大陸金融業長期被江派把持，習當局要以肖案為突破口，將證監、保監、銀監甚至更高層的保護傘都挖出來。肖已供出大批江派貪腐證據，項俊波是其咬出的金融第一虎。

2017 年北京當局重點清查金融界貪腐案，中國保監會主席、中共中央委員項俊波成為第一個被查的高官。（AFP）

第一節

肖建華供出涉案官員 兄妹幫洗錢

在香港潛伏 20 年的肖建華不光自己發財，還讓他的兄弟姐妹在香港協助他鋪陳洗錢網絡。（新紀元合成圖）

2017 年 2 月 12 日，肖建華失蹤兩周後，《紐約時報》引述曾看過或了解四季酒店監視器畫面的人士指出，六名身穿便服、男女兼有的不明人士，於 1 月 27 日凌晨，推著輪椅和大型行李箱進入肖的房間，肖不久後就被以輪椅推出酒店，當時他的頭部被以類似床單或毛毯的布料覆蓋，在毫無掙扎、過程平順的情形下，坐上停在門口的私家車輛離開。

有消息稱，這次肖建華被查的第一件事就是 2008 年的太平洋證券非法上市的內幕，據說肖已經全盤託出所有內幕，交代了相關涉案的很多上海官員。

傳肖建華徹底供出涉案上海官員

當時大陸資本界有三大系——明天系、湧金系和德隆系。經過太平洋證券案後，國開行的王益被抓、魏東自殺，如今只剩下肖建華掌控的明天系還存在。

2008 年 4 月 29 日，41 歲的湧金系掌門人魏東從北京中海紫金苑的九樓豪宅跳樓身亡。這消息震驚了整個金融界。魏東生前所掌握的資產高達 300 億元人民幣，其執掌的湧金系也被業界稱作中國「系類家族企業」的最後一棵大樹。

據港媒報導，2004 年肖建華通過一系列操作，實際控制了太平洋證券 60% 以上的權益。2007 年 12 月 28 日，虧損嚴重的太平洋證券蹊蹺地在 A 股主機板上市。

2008 年太平洋證券腐敗案發，導致國開行副行長王益被捕、魏東跳樓自殺，而肖建華被傳同樣牽連其中，卻能全身而退。此次事件之後，肖建華逐漸淡出大陸資本市場。

網路爆料稱，太平洋證券 2007 年底上市方式很簡單，通過上海證券交易所請示、中國證監會辦公廳批覆，成功地繞開了 IPO 和併購重組兩道門檻限制，實現了直接在交易所掛牌交易。雖然公開資料顯示，明天系在太平洋證券上市前已經退出，但也有證據顯示，明天系通過間接持股仍持有太平洋證券 30% 以上的權益。上市後，太平洋證券通過增資擴股，包括明天系公司在內的所有原始股東財富都暴增。

據說肖建華已經全盤供出太平洋證券非法上市內幕，並將湧金系千億老闆魏東以死保全的一批在太平洋證券系的總公司、子公司中找人代持原始股的官員，一個不剩全都找出來了。

肖建華供稱，當時有一批官員經王益安排，事先潛伏於待上市公司太平洋證券的子公司，用代持人持有股份，這需動用幾百萬逾千萬資金。這些官員起初對太平洋證券上市通過發審信心不足，不肯拿出真金白銀，王益便出面向長三角一些法人股大王商借。反腐機構查這些法人股大王時，屢屢撲空。中紀委懷疑有內鬼。最後抓出的內鬼是王益鐵哥們魏東在反腐機構裡布的線，他及時通知被調查對象出逃。

王益安排的那些利用代持得到原始股的官員，數量很多，以至於魏東跳樓自殺後，這些上海官員們人數多到需要組團包機去北京商議處理後續事宜。

消息稱，這只是肖建華坦白交代內容的冰山一角，因為他想「立功」保命。

據消息人士透露，目前王岐山重點是抓金融大鱷，他下令中紀委聯合幾個部門，針對股改前以及股改之後形成的巨額利益輸送進行聯合調查，而券商借殼上市是調查的重點。有消息傳出，有關部門的相關人士已被請去「喝茶」。

肖擁內蒙政商圈 兄妹在香港洗錢

有關肖建華的發家史，陸媒曾引述明天系內部人士稱：「在黃河化工的收購過程中，充分展現了肖建華的資本運作才能，以及對人脈資源的操縱能力。」言外之意，肖建華在那裡成功地搞了權錢交易。

時事評論員陳思敏分析說，「股市梟雄」肖建華的內蒙古政商圈，必然涉及到「漢族內蒙王」陳奎元；地方政壇頭面人物如曾任區政協副主席的趙黎平；還有肖建華在內蒙古兩大收購期間的內蒙古自治區政府祕書長韓志然，也就是後來的包頭市委副書記、市長等等。

陳奎元是現任常委劉雲山的死黨；韓志然與劉雲山交集於赤峰市，劉雲山任書記，韓志然任市副市長。包頭市眾所周知是劉雲山出生地，兩個兒子劉樂飛、劉樂亭亦在此包下東河區舊城改造，長年來更在內蒙古包山包海包礦產。

也就是說，肖建華與劉雲山的死黨們關係非常密切，這對他日後的發展起了作用。

肖建華不光自己發財，還讓他的幾個兄弟姐妹在香港協助他鋪陳洗錢網絡。此前《新紀元》周刊報導，肖建華之所以成為中南海目前的頭號案件，因為在大陸嚴控資金外流的情況下，肖建華等資金大鱷卻不斷祕密地藉香港平台走資，導致資金的巨量外流。

據香港《壹周刊》爆料稱，肖建華在港潛伏 20 年，肖建華的兄妹助其搭建橫跨中港兩地的金融帝國。肖的二哥肖新華、四姐肖忠華和妹妹肖永紅，近幾年都在香港幫助肖建華鋪陳洗錢網絡。

報導稱，肖的姐妹們手持 R 字頭身份證（即短暫在港居住），專門負責在香港「掃樓」，曾以 5000 多萬購入尖沙咀 GRAND AUSTIN；用 5700 多萬買入兩個西環維壹單位等；甚至在銅鑼灣地帶亦掃入三個商鋪，總值 2 億 5000 萬元。

肖建華的兄長肖新華是財務出身，曾在建設銀行山東肥城支行工作，所以他到香港的主要任務是專責金融股票。

該報導還引述股壇中人指，肖建華 2016 年在香港積極掃殼，絕不手軟，尤其中意香港的傳媒股，同時也購入了大支的資源及金融股。聯交所權益披露顯示，肖氏持有的港股包括重慶銀行、中煤能源、首鋼資源及恆嘉融資（前稱必美宜）等，股份市值已過 200 億元。

如今肖建華被帶回大陸，不但要交代年前的王益案，還涉及 2016 年的資金外流，以及 2015 年的股災、2008 年的山東魯能案等。王岐山掌控了肖建華這個重要「白手套」，這無疑令江派提心吊膽地度日如年了。

第二節

「逮鼠打狼」從白手套到大鱷

大陸資本市場被一批大鱷呼風喚雨，對散戶扒皮吸血。（大紀元合成圖）

隨著大年三十明天系掌門人肖建華由香港被帶回大陸調查，一場抓捕金融大鱷的行動正在隆重上演。

在肖建華、黃如論、許家印等富商被查之後，更傳出保監會主席項俊波落馬的消息。

上半年抓金融大鱷 下半年動文藝界

2017 年 2 月初據中南海權威人士透露，肖建華案是目前中南海頭號大案，因為他充當了中共江澤民集團財富最大的「管家」、前國家副主席曾慶紅之子曾偉的「白手套」。消息人士還透露，習當局 2017 上半年重點清理金融界，下半年清理文藝界，目的就是要撼動曾慶紅、江澤民家族的核心利益，以便排除江派對十九大的各種干擾與政變。

消息稱，上半年清理金融界，將翻出金融犯罪大案，把掏空國庫者公布出來；下半年清理文藝界，預料涉及中港娛樂圈的曾慶紅家族成員，甚至有娛樂圈的名人也不排除出事。

很快這個內部消息得到了官方的間接證實。

證監會主席：不許大鱷再呼風喚雨

2月10日，中國證監會主席劉士余在全國證券期貨工作監管會議上矛頭直指「資本大鱷」，表示資本市場不允許大鱷「呼風喚雨」，對散戶「扒皮吸血」，並提出「驚濤駭浪的資本市場一定是弱肉強食者在操縱」，要有計畫地把一批資本大鱷逮回來。

2017年元月3日，劉士余已提到要嚴懲資本大鱷、敢於亮劍等言論，以防範資本市場的風險。

這是肖建華風波後，監管高層對資本大鱷現象的首次公開表態，被外界認為是未來監管的新動向。

除了金融大鱷外，劉士余這次發言中提到「逮鼠打狼」。2016年12月23日，證監會發言人曾對「鼠」進行描述：「高學歷、高智商、金融從業經驗豐富」的行業精英，因為嚴重背離職業操守成市場唾棄的「鼠」。「其實呼歪風喚黑雨指導股市陷熊市大有人在。」

這裡說的「鼠」與人們常說的「白手套」有很多相似之處，比如肖建華，可以說他是曾慶紅、戴相龍、賈慶林家族背地裡幹壞事，而表現在檯面上的「白手套」，也可以說他就是一隻大碩鼠，吃空了國庫，吃盡了股民的血汗。

2月9日，保監會副主席陳文輝也表示，個別機構公司治理形同虛設，缺乏對大股東的有效制衡，職業經理人履職不到位。要深刻反思，以免重蹈覆轍。

北京理工大學經濟系教授胡星斗表示，肖建華是中國官場經濟的代表人物，其落馬勢必是習近平在金融反腐的第一大案。他認為，肖建華是習近平深化反腐的重要棋子，「這次證監、保監、銀監，甚至更高層的保護傘都會被挖出來」。

財新網 2 月 10 的報導披露，當前金融市場風險頻發，一批所謂的「金融大鱷」突破監管紅線，通過「化整為零」的代持方式，瞞天過海、分進合擊，最終實現對金融機構的家族控制，進而主導其董事會和管理層。從而導致巨額資金的流向難以監控，或操縱市場、或資金外逃、或利益輸送等形成資金權力網絡。

如今中國百姓和外資公司，想把錢移到海外都很難，超過 600 萬人民幣就要受限制，而唯獨這些地下錢莊的老鼠們，還有那些資金大鱷們卻能輾轉騰挪。李克強曾說：「就在我的鼻子底下，看著上千億、上千億的資金走掉了。」據國際金融協會調查，中國大陸 2016 年資本流出達到了 7250 億美元，創下歷史新高。

傳保監會主席項俊波被查 罪行嚴重

就在證監會開會要除掉金融大鱷的同一天，2 月 10 日傳出中國保監會主席、中共中央委員項俊波已被內部調查。據說他所犯罪行「極為嚴重」，很可能在 2017 年兩會前後被雙規。

1957 年在重慶出生的項俊波，長期在中國大陸金融體系擔任要職。自 1996 年 2 月開始，項俊波在審計部門任職六年，2002 年 2 月任中共國家審計署副審計長，2004 年 7 月任中共央行副行長，2007 年 6 月任中共農業銀行（改股份制前）行長。2011 年 10 月至今，項俊波擔任中國保監會主席，是大陸保險市場第一號人物。

中國保監會的全稱是中國保險監督管理委員會，負責監督管理保險市場。該機構成立於 1998 年 11 月 18 日，成立之初是中共國務院直屬副部級事業單位，2003 年初升格為正部級。

據說項俊波涉嫌犯罪金額之大，非以前落馬的貪官所能比。據估計，對他的處理可能比過去幾年落馬的官員還要嚴重。

有消息說，幾年前，項俊波曾遭女人舉報，逼迫他不得不與情婦結婚。但婚後，項俊波的貪腐行為更加嚴重。

針對項俊波的有關貪腐傳聞流傳已久，之所以拖至今天才被調查，主要是因為 2017 年北京當局重點清查金融界貪腐案，項因此成為第一個被查的高官。

項俊波任保監會主席後，曾直接向摩根大通執行長傑米．戴蒙（Jamie Dimon）提出要求，希望能讓友人的小孩在摩根大通任職。當時摩根大通正在尋求中國保險公司獲利可觀的業務。2012 年 6 月，戴蒙面試並錄取了這名求職者。之後幾個月，摩根大通的確與大陸達成了幾項商業協議，更有多家大陸保險公司成為摩根大通的客戶。

至於這背後國家損失多少利益，這是項俊波們不關心的事。

許家印被調查 與曾慶紅之子密切

習近平、王岐山要動金融大鱷，除了拿下項俊波這樣的官方糧倉裡的大老鼠外，還抓住了游離於官商之間的民間大商人。

2017年2月7日，港媒報導，多個消息來源證實，大陸房地產商之一、中共全國政協常委許家印，已經被列於新一波反貪腐的重點調查名單之中。

1958年出生的許家印，1982年被分配到國營企業河南舞陽鋼鐵公司，從車間主任一路做到廠長；1992年辭職到深圳創業。1996年許家印白手起家，創辦了民營企業廣州恆大實業集團，涉足房地產開發、能源、交通等，自任董事局主席兼黨委書記。

2003年10月，他被列入歐洲貨幣組織「中國百富排行榜」第38名。2010年，恆大集團以一億元買來並更名為恆大足球俱樂部，2013年奪得亞冠聯賽冠軍。

至2011年恆大集團成立15年以來，先後為教育、民生、體育、文化等社會慈善公益事業捐款100多次，逾10億元。2012年福布斯發布中國慈善榜，連續四年上榜的許家印以2011年全年3.9億元的現金捐款總額問鼎排行榜冠軍。在2016年胡潤慈善榜中，他以8.4億元的捐助額名列第五位，捐助方向為扶貧和社會公益。同時，許家印位列2016年胡潤百富榜第十名。

就這樣一個頂著慈善光環的民營企業家，背後有多少是勤勞致富的、有多少是依靠官商勾結而非法盈利的，這是外界不知的祕密。不過有消息說，許家印與曾慶紅之子曾偉等太子黨關係密切，而且與肖建華也多次合作。

捲入萬科股權之爭 許與肖建華相關

2015年7月至今，萬科股權之爭持續一年多。期間，寶能系與江派窩點深圳的關聯黑幕不斷被披露；習陣營的財新網以及保監會及國資委介入支持萬科王石團隊，突顯背後的政治博弈色彩。

在監管部門的強勢干預之下，2017 年 1 月 12 日晚，萬科發布公告稱，華潤將其持有的萬科股份轉讓給深圳地鐵集團。深圳地鐵表態支援萬科管理團隊運營管理。恆大表態不再增持萬科，且願將所持萬科股份悉數轉予深圳地鐵。

2016 年 8 月，萬科與寶能圍繞萬科股權之爭博弈正酣之際，許家印控制的恆大地產舉牌萬科，大批收購萬科 A 股票。恆大的高調增持導致萬科 A 股價大漲，直接緩解了寶能系的壓力，不僅讓寶能系旗下的資管計畫集中爆倉的風險大大降低，並且浮盈還有所回升。

有消息說，恆大背後依靠的金主包括肖建華，難怪恆大收購萬科股權時「豪氣十足」。

2014 年在港成立、肖建華擔任副會長的富豪俱樂部、「香港文化產業聯合總會」（文聯會），許家印也是董事之一，和「大 D 會」成員英皇集團主席楊受成、新世界主席鄭家純、鳳凰衛視主席劉長樂等富豪並列其中。特首梁振英則是該會榮譽贊助人。

在肖建華被帶回大陸後不久，就傳出了許家印被調查的消息。很多人認為，兩人案件相關。

許家印恩人鄭裕彤逝 習陣營無致悼

許家印還與香港富豪關係不一般。當時繼恆大地產高調入股萬科 A 股後，香港一家私募基金花 20 多億狂買萬科 H 股，背後老闆是中渝置地主席張松橋；香港第三大富豪、新世界集團鄭裕彤和鄭家純父子的「御用經紀」鼎佩證券亦頻繁買入萬科 H 股逾 1500 萬股。

而張松橋、許家印與鄭裕彤都是「大 D 會」成員。所謂「大 D 會」，據悉是因為新世界集團創辦人鄭裕彤喜歡「鋤大 D」（一種牌類），經常與朋友「鋤 D」。著名的「D 腳」除了許家印、張松橋，還有華置主席劉鑾雄等。過去多年，他們多次連手多項投資，包括投資新股，並成功協助恆大 2009 年上市。

據說，鄭裕彤是許家印的恩人。2008 年金融危機，恆大資金缺口一度高達 120 億元以上。為了補上資金缺口，許家印奔赴香港求教。

通過此前恆大開盤請明星助陣，許家印認識了英皇老闆楊受成，借助楊受成的人脈，許家印又認識了鄭裕彤。為了取得鄭裕彤的信任，在這三個月裡，許家印每周都要和鄭裕彤吃一次飯，並去鄭家打牌。他跟鄭裕彤玩鋤大 D，跟其子鄭家純鬥地主，有時牌癮大還會玩至深夜。

許家印的這番苦心沒有白費，鄭裕彤成了幫助許家印度過難關的關鍵人物。同年，鄭裕彤聯手科威特投資局、德意志銀行和美林銀行等投資機構，總共斥資 5.06 億美元入股恆大。這讓許家印緩過一口氣。這也是為何後來許家印接盤鄭家內地地產的原因。

2016 年 9 月 30 日，鄭裕彤病逝。人們注意到，包括政協主席俞正聲在內的習陣營高層都沒有致電哀悼，而只有江派人馬發了唁電，如中共前政協主席賈慶林、中共人大委員長張德江、國家副主席李源潮、國務院僑務辦公室副主任李剛與天津書記李鴻忠等。香港《成報》評論說，這是捲入貪腐案或負面新聞的官員，用亮相或發表文章來給自己一種「仍然存在感」。

許家印豪宅被澳大利亞政府強制賣出

2017年2月6日，澳大利亞政府宣布，兩年來被勒令售出的、外國投資者違規購置的豪宅，總值1.07億澳元（約6.4億港元），當中40%是中國富豪所有，包括許家印在悉尼一套豪宅。

澳大利亞房產法規明確規定，外國人只能購買新房，不能購置澳大利亞二手房，而許家印卻在2014年11月以3900萬澳元（約合人民幣1.9億元）購入位於悉尼派珀角（Point Piper）的一套豪宅，名為德爾瑪 Villa del Mare。

澳大利亞財長在聲明中稱，Villa Del Mare 由中國香港上市公司恆大地產旗下的 Golden Fast FoodsPty（金速食），通過一系列在澳大利亞、中國香港和英屬維爾京群島註冊的空殼公司非法購買。

許家印的豪宅和曾慶紅之子曾偉2008年以1.9億港元購入的百年豪宅 Craig-y-Mor 只是一房之隔。

許家印的豪宅，在2015年3月，遭澳大利亞財長簽署文件，勒令90天內限時出售；在曾偉的牽線下，兩個月後，許家印的豪宅悄然轉手給了一位鮮為人知的神祕澳籍華裔女子羅拉・王莉（Lola Wang Li）。

王莉聲稱與許家印不相識，但《悉尼先驅晨報》爆料稱，2015年初，許家印將豪宅借給曾偉開派對，王莉是座上客。還有傳媒披露，王莉背景神祕，1997年起低調進入悉尼房地產市場，其胞妹 Vicky Wang 持股的澳大利亞公司 Fruit Master

International，其中一名股東就是曾偉。

據說王莉於 1997 年低調進軍悉尼房地產市場，在悉尼市中心乾草市場（Haymarket）買下了一套兩居室、可以眺望唐人街的公寓。王莉的丈夫黎亮據說與前總理李鵬的女兒李小琳合夥而賺到了他的第一桶金。隨後他的公司改名為「中國電力新能源發展有限公司」，並在香港證交所上市後，一下子登上了香港雜誌頭條。黎亮通過他在英屬維爾京群島註冊的四家公司之一，持有的股份曾驟升到 5 億港元。黎亮於 2009 年卸任董事長職務，如今他在悉尼的圈子裡是擁有私人飛機的賭場豪客，並以與中國有著強有力的關係網而著稱。

王莉的妹妹維奇・王（Vicky Wang）的丈夫迪克森（Jamie Dickson）曾是紐省警官，目前開辦了一個諮詢公司。維奇・王是澳大利亞國際水果大師公司（Fruit Master International）的股東。該公司還有個股東就是大名鼎鼎的曾偉。

中國前央行行長的兒子、購物中心大亨戴永革和他的妻子張興梅也是該公司的股東。他們在 2008 年以 1770 萬澳元的價格買下了悉尼玫瑰灣（Rose Bay）的一所豪宅。戴永革也曾在中國富豪榜上名列前茅。

戴永革是哈爾濱富商，被指與曾慶紅家族關係極深。有報導披露，戴永革先是在澳大利亞給曾偉購買全澳大利亞最貴的、風水最好的房產，並為之翻修成澳大利亞最豪華的別墅。然後戴永革把人和集團的股份無償轉讓給曾偉之妻蔣梅 40%。而戴永革則藉這些靠山在中國各地專門承接地鐵工程，無往不利。有消息說，戴永革涉曾慶紅家族的地下錢莊案。

澳大利亞大城市的房價從 2012 年開始，強勢上漲；這與習近平的打擊貪腐運動同步。2013 年開始，澳洲房產交易刺激地皮價格上揚。據 ACB News 報導，悉尼的房價在五年內上漲 70%。

報導說，悉尼已經成為這些權貴達人的安全避風港，一旦這個圈子裡一個人出事，其他人也不會逃脫干係，所以他們正「聯手」在遠離大陸的澳大利亞「保護」彼此的隱私。

徐翔案牽出聯手套現 50 億的某前董座

王岐山要抓一批金融大鱷，在徐翔被判五年半、罰款 110 億元創下被處罰金最高金額紀錄後，2017 年 2 月 4 日，有消息披露，某上市公司前董事長涉徐翔案被帶走調查。外界推測，這名被捕者應為徐長江、王飄揚二者之一。

新浪財經 2 月 4 日引述「市值風雲」公眾號的消息爆料稱，「據內部人士透露，某上市公司前董事長涉徐翔案於今天被帶走調查；之前曾協助調查，並從上市公司辭職；涉嫌聯合操縱股價，清倉式減持套現超 50 億元。」

該媒體根據爆料消息，簡單梳理出近幾年套現超過 50 億元的上市公司，名單如下：興業銀行、京東方 A、中信證券、酒鋼宏興、中國重工、文峰股份、萬邦達、南鋼股份。而根據爆料者所提供的「涉徐翔案」，發現以上幾家上市公司中，和徐翔案有關的是文峰股份和萬邦達。

中共證監會在 1 月 11 日披露的《行政處罰書》中提到，對曾捲入徐翔操縱市場案的文峰股份做出正式處罰：對文峰股份、文峰集團及代持主體陸永敏分別處以 40 萬元罰款及警告；對時任董事長的徐長江處以 20 萬元罰款；對時任董事及高管等 12 人處以 3 萬元或 10 萬元額度的罰款。

徐長江現年 65 歲，江蘇南通人。2016 年 9 月初文峰股份發公告稱，徐長江於 9 月 7 日向董事會提請辭去所擔任的公司董事、董事長職務；2016 年底，徐長江辭去全國人大代表職務。

當時大陸澎湃新聞報導，外界猜測，徐長江這次辭去全國人大代表職務，或與其涉足徐翔案有關。報導引述一名消息人士的話表示，徐長江 2015 年通過上市公司高位套現 70 億人民幣，而同時從文峰股份套現的還有徐翔。

至於另一家上市公司萬邦達，之前曾經有媒體報導，在徐翔被抓的後一周，萬邦達前董事長王飄揚被證監會監察機關「雙規」並被限制出境，時任公司董祕的龍嘉亦深受牽連。

操縱股價 黃信銘外逃新加坡

在 2017 年 2 月 4 日傳出套現 50 億的徐長江或王飄揚被抓後，2 月 7 日，《中國經營報》旗下的《等深線》再次起底了一個類似徐翔的股市黑手：黃信銘的故事。

大陸「珠江啤酒」的收盤價，從 2014 年 1 月 9 日的 9.01 元上升至 2014 年 10 月 15 日的 15.08 元人民幣。這是據稱不亞於徐翔的大陸資本操盤手黃信銘與其團伙操縱股票市場的典型一例。

深圳警方的數據顯示，從 2014 年 1 月到 10 月期間，黃信銘等七人控制的 65 個個人和公司的股票帳戶，獲得該股票後，利用資金優勢，通過二級市場連續集中交易、反向交易和對倒交易等方式，帳面獲利 1.2 億元。

相關部門公布的數據顯示，黃信銘等人在 2013 年操盤首旅酒店期間，其中一組帳戶組獲利就高達 1288.26 萬元。而在操作「勁嘉股份」中，其中一組帳戶組獲利則高達 2.06 億元。

證監會認為，這種合謀集中資金優勢連續買賣股票，並在實際控制的帳戶之間交易，已經影響到相應股票價格，觸犯了有關操縱證券、期貨交易價格的《刑法》第 182 條規定。

2016 年 6 月，證監會開出了對黃信銘、黃正中、謝冠華等人組團操縱包括首旅酒店、勁嘉股份、珠江啤酒的 6.5 億元罰單。2016 年 9 月 27 日，黃信銘等人被立案調查，團伙中多人被抓，而黃信銘夫婦躲在新加坡，警方正在採取措施促使其歸案。

回頭來看北京高層透露的信息，2017 年上半年拿下金融大鱷，下半年整頓文藝界，如今習陣營果真在一步步地實現。毫無疑問，這樣做的目的，就是要確保在十九大前牢牢抓住江派，以便習近平能在十九大做自己想做的事，而沒有江派的各種干擾與政變。

第三節

肖建華供出保監會主席項俊波

中共保監會主席、中共中央委員項俊波，2017 年 4 月 9 日被中紀委正式宣布因涉嫌嚴重違紀受查。（大紀元）

2017 年 4 月 9 日，中紀委監察部官方網站宣布，「中國保險監督管理委員會黨委書記、主席項俊波涉嫌嚴重違紀，目前正接受組織審查。」消息震驚金融圈。

官網同時刊登國務院總理李克強講話，強調嚴厲懲處監管人員與金融大鱷內外勾結等。消息人士透露，習近平當局 2017 年上半年重點清理江派把持多年的金融界，項俊波成為金融界官場落馬「第一虎」，和 2017 年 1 月爆出的肖建華案密切相關。

項俊波 2017 年 2 月中共兩會前被風傳落馬，當時正值中國人民保險集團總裁王銀成出事。不過項在之後頻繁露面，項俊波落馬前三天仍有公開活動，4 月 6 日還出席了保監會與中國地震局的戰略合作簽約儀式。

陸媒表示，這名被「秒殺」的大老虎是中共中央委員、正部級高官，是一行三會（中共央行、中共證監會、中共保監會、中國銀行業監管委員會）首個接受審查的正職主席，也是中國金融界官場「首虎」。他也成為了第 28 名被查的中央委員。

李克強指嚴懲「勾結大鱷」

關於項俊波被查的原因，官方未詳細公布。

中共政府網 4 月 9 日全文刊載李克強 3 月 21 日在國務院工作會議的發言，提出要嚴防金融風險和腐敗，要對個別監管人員和公司高管監守自盜、與金融大鱷內外勾結等非法行為，依法嚴厲懲處，以儆效尤。

李克強說，對金融風險要高度警惕，堅決守住不發生系統性金融風險的底線，對金融領域腐敗要堅決查處、嚴懲不貸，要嚴厲打擊銀行違規授信、證券市場內幕交易和利益輸送、保險公司套取費用等違法違規行為。

項俊波於肖招供後出事 王李聯手調查

據接近中南海的訊息源向《大紀元時報》表示，項俊波落馬和 2017 年 1 月爆發的肖建華案有關。據知肖 1 月 27 日被從香港四季酒店帶回北京後，已「全盤招供」，供出大批江派大老虎貪腐證據。項俊波是肖咬出的金融第一虎，「肖建華可調動的 2 萬億資金範圍內很大一部分是保險資金，和項俊波密切相關。」

消息人士稱，項俊波案是由王岐山和李克強聯手下令調查的。據知，項任職保監會主席五年來，期間發生大批險資瘋狂舉牌，入市炒作、海外大舉收購，背後涉及到江派資金搞亂金融市場，發動金融政變對抗習近平當局，所以當局一早已下令要查項，同時整頓金融和保險市場。「保險公司資不抵債，普遍成空殼公司，保險資金成為金融炒作和犯罪的工具，肯定要追究的。」

賊喊捉賊 從天津反腐到階下囚

現年 60 歲的項俊波是重慶人，早年在審計署工作，2004 至 2011 年先後出任人民銀行副行長、農業銀行行長及該行改制後的董事長，2011 年出任保監會主席。項曾參與上世紀 90 年代末的審計風暴，38 天偵破天津薊縣國稅局腐敗案，一舉成名。

項俊波落馬前，曾多次對保險業放重話。2016 年 12 月 13 日，保監會緊急召集各保險公司主要負責人及各機關正處級以上幹部，就保險資金運用問題開專題會議。

時任保監會主席的項俊波在會上強調，不能讓保險機構成為「野蠻人」，也不能讓保險資金成為資本市場的「泥石流」；保險資金不做短期資金炒作者，不做敵意收購控制者。

2 月 13 日，習近平在省部級高官的 18 屆六中全會研討班上要求，高級官員要注重防範被「利益集團『圍獵』」，要「自律」，要自覺抵制特權思想和特權現象等。

2 月 22 日，項俊波在國務院新聞發布會上說，保監會堅持「保險業姓保、保監會姓監」，「對個別渾水摸魚、火中取栗，且不收斂、不收手的機構」將出手嚴管，「絕不能把保險辦成富豪俱樂部，更不容許保險被金融大鱷所借道和藏身。」

但不到兩個月，高調放重話的項俊波落馬。

報導指項俊波擅長文學及寫作，曾創作多個劇本，早在上世紀 80 年代，曾創作國內第一部反映審計工作的電視劇《人民不會忘記》，擔任製片和編劇，誰料自己也最終落馬。

項俊波落馬有先兆 多名舊部被查

項俊波是中共「一行三會」（中共央行、中共證監會、中共保監會、中國銀行業監管委員會）中，首個被調查的正職主席。項還自稱是中國最大的「保險推銷員」；儘管被視業務能手，其落馬前已醜聞纏身。

2017 年 2 月，中國農業銀行紐約分行總經理余明被開除黨籍和公職。余明因對白人女部下性騷擾，被對方舉報分行違反當地法規洗錢，被美國監管部門查實處以 2 億美元重罰。余明是項俊波在擔任中國農行董事長時的祕書。

2017 年 2 月，中國人民保險集團黨委副書記、副董事長、總裁王銀成也被調查。

余明、王銀成落馬後，外界紛紛傳出項俊波被調查的消息，並稱其所犯罪行「極為嚴重」。

另外，項俊波曾經的重要助手——曾任中國農業銀行股份有限公司副董事長、行長、黨委副書記的張雲，2015 年 11 月已被處理，降為正處級幹部。

騰訊財經引述中紀委消息來源稱，項俊波落馬，早在 2015 年底中紀委巡視組進駐保監會時即埋下伏筆。

項俊波捲入摩通「子女計畫」

此外，項還捲入摩根大通的「中共高官子女計畫」。

《紐約時報》曾於2014年2月報導項俊波直接寫信要求摩根大通行政總裁傑米·戴蒙（Jamie Dimon）為朋友的女兒提供職位。項俊波提出這項要求後，摩根大通2012年6月面試了這名求職者。當時摩根大通正在尋求中國保險公司獲利可觀的業務。據悉，這名求職者正是項俊波當時與戴蒙在紐約會談時的翻譯員。

之後幾個月，摩根大通的確與大陸達成了幾項商業協議，更有多家大陸保險公司成為摩根大通的客戶。

陸媒指涉縱容險資舉牌亂市

據大陸媒體報導稱，項俊波任職保監會主席五年來，開啟了包括放開保險資金投資、海外投資等鬆綁的政策，刺激了保險市場發展，但另一方面也為保險業的無序競爭埋下隱患。諸多民間資本獲取大量低成本資金，再通過日益放鬆的險資投資限制，流入資本市場和海外市場。其中尤以中小保險公司的「舉牌」行為最讓市場側目。

從寶能系與萬科的大戰，到安邦大舉購買中國建築，再到前海人壽覬覦格力電器，動輒幾十億上百億的保險資金「舉牌」引發關注。「舉牌」意指增持上市公司股票至5%或以上，大陸保險資金往往藉此湧入股市進行短線投機。當中明天系的肖建華，是其中最活躍的金融大鱷之一。

肖建華透過險資左右大市

肖建華近年已透過明天系持股兩成的大陸保險公司生命人壽，大舉進軍香港股票市場。香港傳媒報導指，生命人壽 2012 年注資 1 億元人民幣，在港設立富德資源控股。之後頻頻以生命人壽名義，先後入股中煤能源、首鋼資源、佳兆業及必美宜等上市公司，更是首鋼資源第二大股東。計及其他港股，涉及的市值達 800 多億，有能力左右大市。

業內人士稱，在舉牌事故頻頻之下，2016 年 3 月，項俊波還指險資是國際金融市場上重要機構投資者；對保險界亂象，項有很大責任。有消息稱，項一直相安無事，是因為其幕後涉及到江派高層，包括中共兩大政治局常委張德江和張高麗等。

2016 年 12 月，一向低調的證監會主席劉士余曾怒斥險資「用來路不當的錢從事槓桿收購，行為上從門口的陌生人變成野蠻人，最後變成行業的強盜，這是不可以的。」這被看作是整頓險資的一個訊號。

項俊波涉腐敗、私生子、假結婚

據早前海外媒體報導，項俊波罪行「極為嚴重」，數額巨大非以前貪官能比，處置可能超過過去幾年所抓官員之刑罰。

香港《蘋果日報》援引北京理工大學經濟系教授胡星斗分析說，當局或要以肖案為突破口，將證監、保監、銀監，甚至更高層的保護傘都挖出來。

據外媒 2014 年報導，中國農業銀行一高層人士透露，項俊波離開農行後，其下屬、農行副行長楊琨，被舉報與北京國華實業有限公司老總王耀輝裡外勾結，騙取農業銀行幾十億貸款，導致國有資產的巨大損失。在中紀委控制王耀輝後，王不僅把楊琨供了出來，還把項俊波牽涉進去，將「藍色港灣」背後的權貴全供了出來，這些權貴還包括北京市政府及朝陽區的一些官員。但項俊波後來僥倖躲過了這一劫。

報導還披露，項俊波不但捲入農行的腐敗案件，還有更嚴重的生活作風問題。有人就公開舉報他包養情婦和私生子問題。項俊波於是跟情婦假結婚，這樣一來就不存在私生子問題了。

但項俊波的老婆不幹，就是不同意離婚；後來為了升任保監會主席，項俊波的老婆才勉強同意項俊波跟情婦假結婚。但這些都是表面的，實際上項俊波跟老婆一直都住在一起。

陸媒揭項俊波與郭文貴關係 遭急刪

項俊波落馬後，陸媒披露項與郭文貴有不尋常的關係，但內容離奇被刪。項俊波落馬前負面傳聞纏身，多個舊部被調查。

財新網當天刊文《保監會主席項俊波被調查 曾自稱中國首席保險推銷員》，披露項俊波背後鮮為人知的內幕。

文章引述知情人士的話爆料，2010 年下半年，在時任農行董事長的項俊波的支持下，資金極度困難的北京政泉控股實際控制人郭文貴，以盤古大觀後續裝修工程為名，獲得了北京農行亞運村支行 32 億元的開發性貸款。

當時郭文貴屬下的政泉控股、盤古氏投資等公司所有帳戶上的流動資金加起來只有 1000 萬元。但他們通過不正當手段，獲得了這 32 億的貸款。

這 32 億貸款，有 16 億用於郭在北京產權交易所購買首都機場所掛民族證券的股份，數億元通過地下錢莊轉到香港用於在南灣道購買的豪宅，數億元支付郭對車峰等人的借款。

2011 年項俊波離開農行升任保監會主席，2012 年審計部門對農行進行審計時，郭的這筆貸款被發現，經過運作，此案以郭在 2014 年提前四年還清貸款而得以掩蓋。

但蹊蹺的是，該文把有關項俊波與郭文貴的這些內容全部緊急刪除，其中緣由尚不得而知，但郭文貴曾與財新網總編胡舒立在網上互攻，郭文貴還稱要繼續爆料胡舒立的相關醜聞。

料更多金融大老虎落馬

消息人士稱，項俊波之後，還有更多金融界大老虎要出事，包括銀監會及幾大銀行等，涉及到銀行爛帳、掏空國庫等罪行。據稱銀監會某退休高層已在被調查中。

《大紀元時報》早前曾報導，習近平當局上半年重點是清理金融界，將翻出金融犯罪大案，把掏空國庫者公布出來，項俊波被查正好證實這一點；下半年則重點查文藝界，預料涉及中港娛樂圈的曾慶紅家族成員，娛樂圈名人也不排除出事的可能性。

肖建華被認為是江派第二號人物曾慶紅之子曾偉的「白手套」，3 月，和肖建華關係密切的娛樂大亨董平被查。習近平已正式啟動中紀委「第二號專案」，瞄準曾慶紅。

海外評論人士石久天表示，大陸金融業長期被江派人馬把持，江澤民孫子、劉雲山兒子等人掌控大陸金融業，而且江派在金融業培養了大批馬仔，隨著習近平被確立為核心，其掌控權力中心後，開始把目光轉向金融業，清除江派留下的遺禍。

第四章

國安副部長馬建的七宗罪

2015 年 1 月 16 日，中共官方宣布，中共國家安全部副部長馬建被查。分析認為，馬建的落馬將牽動中國時局，不但涉及周永康、令計劃與曾慶紅這三名中共國家級高官，還可能誘發大陸情報機構的重組。

分析認為，中共國家安全部副部長馬建被查將牽動中國時局，還可能誘發大陸情報機構的重組。（新紀元合成圖）

第一節

淫亂視頻設套扳倒北京副市長

因為商業糾紛，郭文貴仗勢把分管奧運基建的北京市副市長劉志華（圖）輕易送進監獄。（新紀元合成圖）

2015 年，大陸兩大上市公司「政泉控股」與「方正集團」因股權之爭反目，出現一場鬧劇般的互相「舉報」，使北大方正集團前 CEO 李友等人被調查，同時爆出驚人內幕，事件涉及中共高層。

事涉奧運項目大筆投資

潛逃出境的北京「政泉控股」幕後老闆郭文貴的龐大政商關係網被陸媒曝光，眾多中共高官牽涉其中。

1998 年，郭文貴將其發展中心從鄭州挪到北京。在北京，其與曾任中共政法系統局級幹部的林強兄弟一起合作。林氏兄弟在北京官場，尤其是政法領域人脈甚廣。

2002 年，在林強的協助下，郭文貴提前得知奧運項目包括朝陽區大屯鄉的地塊。因此，郭文貴的摩根投資從大屯鄉手中購買緊鄰奧運村西邊的地塊，擬建摩根中心。但在與承建方北京建工集團發生糾紛停工兩年多後，2005 年，盤古的工程主體都尚未竣工。當時正值奧運基建階段，由於地處重要位置，摩根中心也被列為北京市奧運項目「問題工程」。

北京市委成立專門小組經過半年調查，證實該項目「問題很多」，最終國土部門發出通知收回該土地開發權。

摩根中心項目當時最大問題就是資金不足，甚至未能夠及時繳納土地出讓金。當時媒體報導稱，欠繳的土地出讓金達到 3 億元。

2006 年 5 月初的一天，自稱摩根中心老闆的郭文貴拿著一億的支票到時任北京市副市長劉志華的辦公室，表示自己公司已經籌到錢了，要求繼續開發該項目。劉志華告知郭文貴，這一地塊通過北京市委相關組討論且通過，已經走正常的流程進行「招拍掛」了。

劉志華 1998 年任北京市副市長，分管北京奧運會的基建工作、國土房管等。

2006 年 5 月底，被收回的項目地塊被重新拍賣，首創集團和廣西陽光股份有限公司組成的投標聯合體以 17 億價格，「一次性付款」競得。「這激起了郭的報復心理」。郭文貴將矛頭指向劉志華，並策劃執行香港嫖娼視頻錄製和舉報事件。

暗查劉志華嫖娼上報中央

為得到這塊利益巨大的奧運地王工程，郭文貴及國安部門共同策劃製造「劉志華在香港嫖娼」的錄像事件。導致劉志華很快被有關部門帶走調查。2006 年 6 月 11 日劉志華被免職。

據知情人士透露，郭文貴派人跟蹤劉志華。掌握劉志華的日常行蹤、住址、車牌、情婦等具體信息。據自稱參與者之一、現已被調查的原國安部副部長馬建的一名高姓下屬透露，當時郭文貴通過特殊管道監聽劉志華的電話。

確定劉赴港的時間和酒店後，郭提前兩天派了一名酒店 IT 技術人員潛入酒店安裝設備。據高某透露，包括郭文貴的小姨子在內，僅有五人直接參與執行「劉志華視頻」拍攝事件。行動結束後，酒店 IT 技術人員從郭處拿了一筆錢出國了，至今未歸。

「劉志華嫖娼」錄像就成為郭文貴手中的一張王牌。但它是如何直達中共最高層的？

此前，海外中文媒體報導，因為奧運「安全問題」，時任中共中央辦公廳主任的令計劃，於 2008 年 4 月 23 日出席涉及黨政軍各方面綜合協調的「安全問題匯報會」。報導稱，令計劃收到來自國家安全部門的這份「特殊報告」，立即向胡錦濤做匯報，胡下令徹底查辦。

於是，已遭免職及雙開一年多的劉志華被以高效率的速度移交司法，判處死緩。2008 年 10 月 18 日，河北省衡水市中級法院一審認定劉志華單獨或與情婦共同受賄近 700 萬元，以受賄罪判處劉志華死刑，緩期兩年執行。

劉志華被扳倒後召開的一次由北京市委牽頭的工作會議上，決定由摩根投資繼續承建摩根中心項目，北京市國土局也已接納摩根投資交納的 3 億元土地出讓金欠款。就這樣，巨大的奧運財富，郭文貴收於囊中。

第二節

謝建升舉報郭文貴
通緝令解除

2017 年 1 月，曾遭到中共國家安全部副部長馬建、河北省政法委書記張越因包庇河南商人郭文貴而遭受陷害的河南焦作凱萊大酒店董事長謝建升，在逃亡加拿大兩年多後，有消息說，其通緝令已被公安部撤銷，他將結束流亡回國。謝建升是郭文貴、馬建和張越案的重要舉報人。

通過與商業對手、北京「政泉控股」幕後老闆郭文貴的較量，謝建升「意外地」舉報成功，扳倒了兩個中共情報系統和政法系統的副部級高官，拉響了習近平對中共國安、政法系統大清洗的導火索。

郭文貴搞欺詐 道出官商勾結的瘋狂

2012 年，謝建升因遭遇郭文貴等人合同詐騙，向河南焦作市公安局報案，為此，焦作市公安局成立專案小組。不料郭文貴通過時任中共國安部副部長馬建，下令焦作市撤案，並殃及謝建升，使他開始了漫長的上訪之路。

2014 年 6 月，該案件得以重新啟動，殊不料，三個月後，專案組長、焦作市公安局副局長王紹政被調查，謝也因涉嫌行賄王而遭通緝，此後逃往海外。

2015 年 1 月，躲到美國的郭文貴通過江派媒體發表聲明，指責河南焦作商人謝建升夥同方正證券李友等人，誣陷郭文貴偽造司法文件。為此在加拿大的謝建升接受媒體採訪，講述了他交往了 20 多年的「好友」郭文貴的真實情況。

謝建升說：「郭文貴是個毫無道德底線的奸商，他夥同趙雲安、曲龍侵吞華泰控股的數億財產，將我借錢給環渤海集團的抵押物津濱發展股票，賣出後轉入郭文貴的公司帳上。為此我已經在 2012 年在焦作市公安局報案，現在焦作公安局已經對郭文貴立案偵查，郭文貴 2013 年潛逃到境外，一直不敢接受司法機構的調查。郭文貴是個無賴，經常使用語言暴力威脅他人，最近我看到他用短信威脅方正證券高官，這個郭文貴也採用同樣方法來威脅我。」

於是謝建升向記者展示了郭文貴發給他的手機信息：

「建升兄：你就這點本事？什麼事也跳不出我的手掌心，李友他死定了，你能跟著他去死逼？……我的關係網不是你能想得到的，就這麼幾下子，媒體就要聽我的，你有這本事嗎？憑我那幾個部級弟兄們對你的『關心』，你也知道我在京城的勢力了吧？……建升，我早告訴過你，順我者昌，現在知道什麼是政泉嗎？我就是政權！……趕緊給我去焦作公安局把案子撤了，我就給你一條活路，不然的話自己準備好輪椅吧！好自為之吧。」

張越幫郭文貴抓人 四次求謝建升

哪知謝建升並沒有屈服，而是堅持不懈的向中紀委舉報郭文貴背後的高官後台。2015 年 1 月 16 日，中紀委宣布馬建「因嚴重違紀違法，接受組織調查」，十多天後，馬建被撤銷全國政協委員的資格。然而直到 2016 年聖誕節，官方也還沒對馬建進行審判。

馬建落馬後，張越非常緊張，曾先後四次直接或間接找到在海外的謝建升談判，希望和解，答應支付一筆不小的費用，以及解除謝的通緝等事宜。但是謝拒絕妥協，最終把張越也送進了監獄。

有關張越與郭文貴的關係，《新紀元》周刊此前報導，郭文貴曾對朋友說，只要一個電話，張越這個副部級官員馬上就會迅速在郭文貴面前聽候調遣。朋友不信，果然郭文貴一個電話打過去，一會氣喘吁吁的張越就出現在郭文貴的辦公室裡。

有關張越具體是如何幫郭文貴，大陸《稜鏡》曾發表文章《河北王張越落馬！郭文貴盤古會又一幹將倒下》，介紹了張越、郭文貴如何為非作歹的細節。

「2011 年 3 月 31 日傍晚，北京東四環邊上，一輛轎車被團團圍住，車窗被暴力砸開，駕駛員被強行帶走。此人便是已經和郭文貴鬧翻的曲龍。執行者當中，既有郭文貴的保鏢趙廣東、馬建的下屬高輝，也有張越的下屬郭東斌。雙方的矛盾，以此種激烈方式到達一個高潮……」

實施抓人後，張越首次直接干預發生在2011年4月底的曲龍案。在曲龍被押至承德某看守所後，承德市檢察院批捕科以證據不足並未做出批捕的決定。出乎意料的是，在批捕科做出建議不批捕決定的第二天，據上述批捕科人士透露，張越親自電話要求必須立即批捕。4月底，曲龍被以涉職務侵占罪正式批捕，有別於當初被抓時的非法持有槍枝罪名。當時，承德公安的工作人員大多覺得困惑，不知身為省政法委書記的張越，為何親自盯一個市局經偵支隊的案子。

一年後，曲龍於2012年被以職務侵占8.55億元罪名，判處15年有期徒刑。曲龍曾對謝建升透露，審判前夕，張越通過下屬與其談判，稱若是願意和解，可與張越再「商量量刑」。

控制曲龍之外，張越還幫助郭文貴擊退了另一位「仇敵」——謝建升。

文章說：「此次擊退謝建升，張越出力不少。雙方首先爆發了一場『搶人』大戰：爭奪曲龍的控制權。」因為謝建升在河南焦作成功立案，2014年8月12日，歷經公安部、司法部、河北省監獄管理局等相關部門審批後，曲龍被從河北押解至焦作。

因為擔心曲龍供出民族證券收購事宜，張越利用自己的權力，責成河北省司法廳副廳長兼監獄管理局長許新軍、省監獄管理局副局長宋國軍，趕至焦作市公安局再度押回曲龍。

故事並未結束。張越、郭文貴等利益集團對負責曲龍在焦作的經濟糾紛案的專案組長、焦作市公安局副局長王紹政進行監聽。半個月後，王紹政被立案調查。謝建升也遭立案，因而遠逃海外。

2015年馬建落馬後，張越提出與謝建升和解，在談和的過程中，張越方並未否認因涉及曲龍案而「做局」將王紹政逮捕。

郭文貴亂咬胡舒立 涉命案被通緝

從 2015 年 3 月 24 日開始，大陸媒體特別是財新網連續發表長篇深度報導，揭祕郭文貴與曾慶紅心腹馬建的密切關係，以及他們結盟動用公權力打壓政商對手、撈取巨額財富等驚人內幕，包括聯手扳倒北京副市長劉志華。

之後，郭文貴在海外向財新傳媒總編胡舒立叫板，並對胡作出人身攻擊。有消息人士稱，郭文貴、胡舒立紛爭涉及政局背後的博弈，同時也折射出了郭文貴、包括隱蔽在他身後的後台靠山們的集體焦慮。

2015 年 3 月 31 日，謝建升接受採訪時說，他與郭文貴認識將近 20 年了，郭文貴做人沒有底線，說話信口雌黃沒有一句真話，他一貫如此；還說郭文貴對胡舒立的攻擊更顯得無恥，捕風捉影的人身攻擊完全沒有任何道德底線。

2016 年 10 月，有北京消息人士說，郭文貴涉嫌重大國際命案，一名日本人被殺害，中共公安部已掌握其涉案的證據。因此，中方準備通過國際刑警組織緝拿郭文貴回國受審，並要求美方協助遣返郭文貴。

消息人士還說，自從 2016 年中紀委拿下馬建和張越，對郭文貴的「緝捕」就已成為中紀委書記王岐山案頭「待辦」文檔，因為將郭文貴抓捕歸案，馬建、張越等眾多有關案件才有利於獲得突破。

不過，如今謝建升被取消通緝令後將回國作證，這對馬建、張越的審判非常有利。

對於即將返國，謝建升十分興奮，不過他對媒體表示，他只是一個普通的民營企業家，只是一個正常的追債行為，並不想牽扯政治，但沒想到牽連了這麼大的事情。現在他只想追回自己的債權，打理好自己的生意就可以了。

第三節

馬建落馬內幕 習要「算總帳」

馬建落馬 背後傳涉令計劃

香港《經濟日報》引用消息稱，2015 年 1 月 16 日被宣布接受調查的中共國家安全部副部長馬建，與已經落馬的中共副國級官員、前統戰部長令計劃關係密切，是令案關鍵人物郭文貴與李友的「保護傘」，2013 年 4 月，北大方正總裁李友通過政泉控股實際控制人郭文貴結識馬建。隨後，李友通過郭文貴向馬建行賄高達約 2.5 億元人民幣。據稱，馬建的一名親屬涉嫌受李友資助從事證券買賣，且獲利巨豐。

而在令計劃兒子令谷命喪「法拉利車禍」後，馬建第一時間將令谷死亡的消息及車禍細節告訴令計劃。令計劃得知車禍後，馬上動用軍隊將事件蓋住，後來令亦因此事而被調離權力核心。

此前曾有海外中文媒體稱，2012 年 3 月 18 日，令谷發生車禍時，國安部某副部長正在酒店等待車上的藏族美女，聽到車禍報告後，認為事態嚴重，立即通知令計劃，並建議立即封鎖現場。這名副部長以國家安全的名義，說有人要謀殺令計劃之子。令計劃得知事態嚴重，便動用中共中央警衛局人員前往封鎖現場。

報導沒有提及這名國安副部長的姓名。網上也有消息稱，這個國安副部長就是馬建。但是直到現在，中共方面也沒有公開令谷車禍的調查報告。

傳馬建與周永康、曾慶紅都有聯繫

英國《金融時報》2015 年 1 月 13 日報導說，馬建掌握中共情報機構大權，負責反情報 10 年，此前不久還主領導抓捕了兩名身居國安部高位的外國間諜。

文章稱，馬建被拘捕的時候，中共國防、情報和安全機構仍然處於當局逮捕前政治局常委周永康所帶來的震盪當中。文章更引用一名知情人的話說，馬建被拘捕跟周永康有關，也跟他的同黨在雲南省經營的數十億元的生意有關。

但是文章並沒有提到雲南的數十億生意是什麼。倒是港媒紛紛報導了前雲南書記白恩培與秦光榮在雲南以礦業向周永康家族輸送利益的消息，價值超過億元。

據學者何清漣指，馬建是 30 多年的老國安，是前國家副主席曾慶紅的「馬前卒」，習近平如今動了他，「意味深長」。《蘋果日報》稱，被拘的中共國安部副部長馬建被指是曾慶紅的「祕密武器」。

中共現行國安系統在江澤民時代形成，曾慶紅一度主管中共國安系統，廣植羽翼。馬建曾負責國安部第十局（對外保防偵察局），職責是監管駐外機構人員及中國留學生，偵查境外「反動組織」活動。

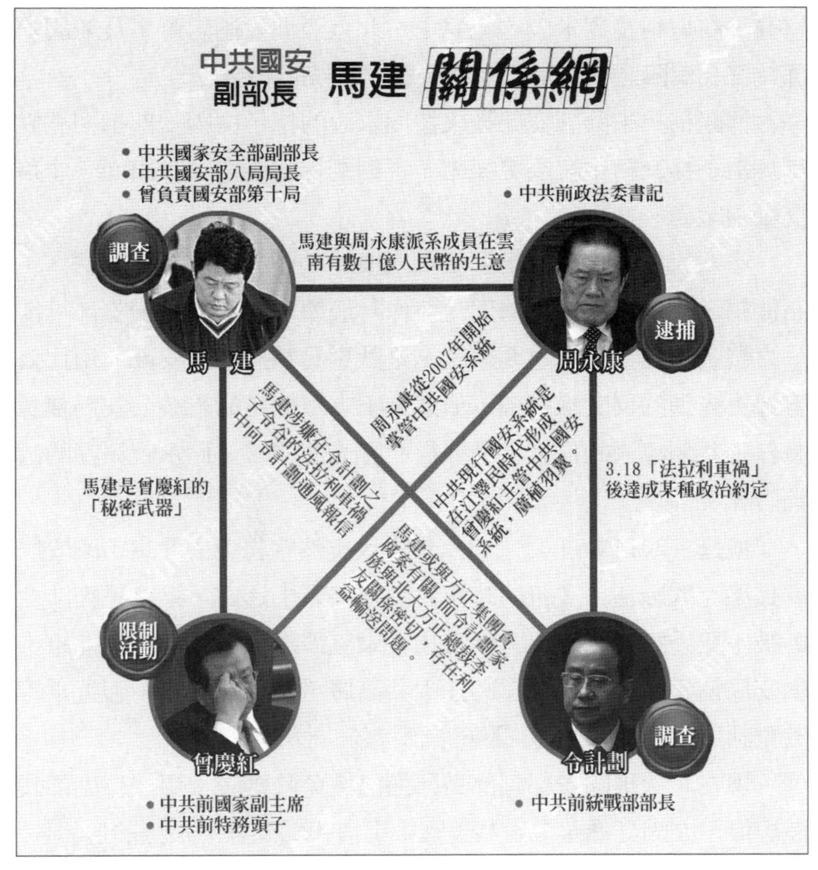

（大紀元製圖）

國安部在重慶事件中扮演多重角色

中共國安部一直到了 2015 年才有「大老虎」落馬，有海外中文媒體稱原因在於國安部在重慶事件中扮演的多重角色。

2012 年 2 月 6 日時任重慶副市長、前公安局長王立軍逃入美國駐成都總領事館後，當時中共國安部副部長邱進及多名安全部官員，在據稱是周永康的乾兒子、北京亞洲大酒店董事長兼國安部特工孔濤陪同下，飛往成都將王立軍帶回北京。

博訊稱，中共國安部後來按周永康的指示由國安部扣押王立軍，拒不移交給中紀委專案組，直到胡錦濤、溫家寶出面，才移交給中紀委。

十八大後習近平決定解決周永康的問題，周轄下的政法幫、石油幫、祕書幫先後被清理，但作為最敏感和重要的國安部，卻一直沒動。其中一個重要原因，是耿惠昌掌控的國安部，用比公安部更先進的反間諜技術，偵察到王立軍把持的重慶公安局竊聽時任中共領導人的保密電話，從而曝光薄熙來、周永康集團的政治陰謀。

但是，2014 年 1 月，北京市人大突然宣告免去北京市國安局局長梁克的職務。《紐約時報》引知情人士透露，梁克是因涉貪污被中紀委扣查；但又有消息指，梁克涉嫌利用其主掌的北京市國安局情報竊聽系統，對時任中共高層，包括胡錦濤、習近平等的電話進行竊聽，並將竊聽的內容報告周永康。

現在，據稱國安部副部長邱進已遭免職審查。另一位副部長陸忠偉，亦因身邊祕書淪為美國中央情報局間諜，被提前退休。

第四節

馬建七宗罪 是曾慶紅心腹

網傳馬建有七宗罪

2015 年 1 月 25 日，海外中文媒體博訊網刊文稱，馬建有七宗罪，涉監聽中共高層、洩露國家情報、收受巨額賄賂、濫用職權等。

文章稱，馬建的第一個問題是監視中共高層。此前港媒報導稱，馬建是令計劃的同夥，令通過馬收集了上千名官員的「黑材料」，並建立中共前任及現任政治局常委的「黑資料庫」。

這篇網路文章還稱，馬建涉洩露國家情報。周永康曾多次會見國外的情報機關頭目，這些會面由馬建一手打理安排。馬建在安排會見的時間、內容等方面，與海外情報機關有某種交易。

馬建還涉嫌收受巨額賄賂。據悉，馬建透過政泉公司的郭文貴認識方正證券的 CEO 李友，並接受 2.5 億元人民幣（約 4000

萬美元）的巨額賄賂，交易過程是在郭文貴的盤古大觀樓內進行，馬建的妹妹親自去該處提走現金。馬建還接受郭文貴提供的盤古大觀兩套房子。

消息稱，馬建還利用中共安全部，在海外建立龐大的洗錢管道。這些洗錢管道分布在歐洲、北美和亞洲數個國家，馬建利用這些管道洗白的資金，收買一些海外的線人和華人僑團首領為其情報工作。甚至一些蛇頭也利用馬建的管道洗錢和轉移資金。

馬建還涉嫌濫用職權，多次指使國安部門的下屬，以國家安全利益為名干涉一些民事案件。馬建在北京、天津、河南、河北等地多次為商人郭文貴處理法律糾紛，郭文貴曾被中紀委約談，而馬建獲悉後利用他在中紀委的關係將郭文貴釋放。

郭文貴獲釋後利用香港身份出境，而當時郭文貴是被列入邊控，無法出境。馬建利用其職權，強行解開郭文貴的邊控設置，使得郭文貴能順利出逃。

馬建並涉及與多名女性通姦等。據悉，令計劃之子令谷車禍當晚，馬建正是在郭文貴的盤古大觀樓內等待令谷送來藏族美女。

馬建被曝操控北美地區中共特務

知名政論家陳破空在接受新唐人電視台訪談時爆料：2015 年 1 月 15 日晚得到一個非常可靠的內部消息，剛落馬的中共國家安全部副部長馬建是主管北美地區中共特務系統的頭目，所以整個美國和加拿大的中共特務是歸馬建管的。馬建出事之後北美特務體系或將形成重大洗牌，所以現在常駐美國和加拿大的中共特務那可是要驚慌失措了。

時政評論人士周曉輝分析認為，中共特務們為何要驚慌呢？這或許與他們在北美的首要任務有關。資料顯示，中共的情報單位主要分兩大類型，一是國家情報系統，包括國家安全部和公安部敵偵處，前者是唯一對外公開承認的情報單位，亦是情報及治安系統中，主要針對各種對外情報搜集及反間諜工作的機關，同時也負責國內的反間諜工作，監視被其所認定的「可疑人員」。

二者均向海外派出了大量的專職或兼職情報人員，滲透在各個階層，搜集情報。二是軍事情報系統，包括總參二部、總參三部、總參四部和總政治部聯絡部。

從表面上看，中共在情報系統投入的人力、物力並不少，但卻並不是用在搜集恐怖分子的信息上，反而在近十幾年間，將大部分精力投入到監控法輪功和異議人士以及搜集他們的相關情報上，而這也是身在北美中共特務的首要任務。

據悉，在江澤民 1999 年 7 月掀起非法鎮壓法輪功的狂濤後，中共這兩大情報系統派遣了大量特務前往海外，在國外全面搜集法輪功各方面的情報，大到集會、各種活動，小到法輪功學員的家庭工作情況等，而北美是重點地區。

時任中共國安部長的許永躍（1998 至 2007 年）是江澤民、曾慶紅的親信，他曾是中共大佬陳雲的祕書。1989 年「六四」前夕，在江突然被上調進京時，到機場迎接江的就是許永躍。當時江不知上調的真實意圖，心煩意亂，是許在機場讓江吃了定心丸。為了報答許，江在掌握實權後，迅速將其提拔，而許則將國安部變成了江、曾監視打壓政治異己的有效武器。

這也就可以解釋為何國安部在海外為延伸江迫害法輪功的政策不遺餘力。而馬建此時的職務是國安部長助理，協助許永躍處理相關工作，或者從這時起，他就開始負責北美的中共特務，並在 2006 年被提拔為國安部副部長。

2007 年，許永躍因陷入「公共情婦門」被胡錦濤提前撤換，國安部長換上了胡的心腹耿惠昌，但馬建的地位因其背景並未被動搖，並成為江派在國安部的重要馬仔。

在馬建任職國安部助理、副部長期間，因其掌控北美特務，被認為應該介入了以下針對法輪功的行動：企圖暗殺法輪功創始人、對神韻藝術團製造多起恐怖事件、破壞「三退」點等。

據《江澤民其人》一書記載，曾慶紅曾向特務部門祕密下達了暗殺令，並由國家安全部和總參聯合組建了一個特別行動組，專門負責搜集法輪功創始人的行蹤，招募、訓練殺手，伺機暗殺，但多次均被識破，最終暗殺未遂。

針對風靡全球的神韻演出，中共特務亦接受指令，除了僱用當地黑幫或地痞，製造了多起破壞神韻巴士的恐怖事件外，還在全球布署破壞神韻演出，如通過中共使館施壓、寫匿名信等。

此外，身在北美的中共特務利用僑團和不明真相的華人，詆毀法輪功，干擾「三退」點。因為這些任務才是他們的重中之重。

如今，馬建被捕，其背後的周永康、令計劃或被移送司法，或正被調查，江澤民、曾慶紅也被警告，中共特務們因此而驚慌失措，此時的他們才發現，昔日執行的首要任務，今日可能是埋葬他們的根源，自己可能很快成為下一批被懲治的目標。

馬建落馬背後的中共國安重重黑幕

時政評論人士邢天行認為，馬建的落馬服罪，國安背後重重黑幕和歷史懸案或許會被一一揭開。下面幾件大案，足見馬建背後的水有多深，馬建落馬將對中國政局影響多大。

一、江、曾操縱國安部假情報 製造鎮壓法輪功依據

據《江澤民其人》披露：江澤民由於妒嫉而一心要鎮壓法輪功，但是時任的其他六名中共政治局常委認為鎮壓沒有依據，因此都不同意。為了脅迫其他人同意，江澤民和曾慶紅利用國家安全部來製造鎮壓的「依據」。

於是國家安全部在美國的特工很快就送來了自己編造的假情報，謊稱美國中央情報局（CIA）提供法輪功數千萬美元的經費。

這些江、曾編造的假情報通過國安部傳到了中共高層，其他政治局常委難辨真假。江澤民再利用這些假訊息，誇大說詞：「這是要『亡黨亡國』呀，必須要全力鎮壓。」其他常委不敢再反對鎮壓。最後江澤民動用了中共暴力機器全面非法鎮壓法輪功。

江氏發動迫害法輪功，動用了至少四分之一的國家財政，並為此大建維穩體系和設施，用腐敗結成集團以維繫權力存在，把中國司法體系徹底黑社會化，給民族造成空前的人權災難，至今仍在延續。

邢天行表示，國安部的小卒子，被江氏玩轉而改變了中國整部棋局。難怪江曾要死死抓住特務系統，並由於這個江系特務系統的存在，而在失勢形勢下頻頻製造亂局以圖翻盤。

二、陳光標在紐約翻炒自焚偽案鬧劇

2013 年 12 月 20 日，中共中央特務機構「610」辦公室頭目、前中央電視台台長李東生被中紀委宣布調查。

2014 年 1 月初，以及「七一」前夕，江系商業特務陳光標二次在紐約炒作 13 年前中共自編自導的天安門自焚偽案「鬧劇」。

外界認為，陳光標能帶著所謂自焚毀容的母女二人到美國，沒有國安的運作是不可能的。

所謂陳果母女，在大陸一直被嚴密控制，沒得到特殊允許外人都不能接近。自焚偽案涉及中共最高「國家機密」，是江系的死穴，非一般事情可比。只有國安系統「610」才可能直接操控，其他海外中共組織不過是配合而已。

陳光標此舉目的是對內外釋放繼續鎮壓法輪功的信號，給江系馬仔打氣，並將習近平與鎮壓法輪功捆綁在一起。不料，中共官媒反應冷淡，「出口轉內銷」的目的沒有達到。

邢天行認為，馬建作為主管北美地區特務系統的頭目，受命於中共哪部分勢力？動用了哪些特務資源？牽扯到中共哪些大老虎？這都將影響未來中共政局的變化。

三、製造休斯頓滅門血案滅口

2014 年 1 月發生在美國德州休斯頓的華裔工程師孫茂業一家四口遭命滅門血案，包括孫茂業與妻子及兩個孩子均頭部中彈身亡，行凶手法被認為是職業殺手所為。

孫茂業就職於美國一家石油公司，在山東高密有生產工廠。他本人畢業於中國石油大學，為人一向低調。其離奇死亡理當引起國內更大的反應，結果親友與同學卻偏偏是悄無聲息。

據消息人士海外媒體透露，孫茂業是周永康長子周濱（又稱周斌）的同學，他手中藏有周永康家族在內的一些中共官員的祕密資料，這些材料由周濱交給他保管，以防意外時用於自保。

在周濱回國被抓捕後，以及隨後周永康被抓捕立案審查之後，曾慶紅啟動海外的特工殺人滅口。馬建作為北美特工頭目和曾的親信，被認為必然涉及此事。

國安系統是江系等同於軍隊與司法的最後一塊未被觸及的堡壘，馬建的落馬是反腐指向曾慶紅的重大信號。邢天行表示，接下來極可能出現知情人包括特工內部人員舉報線索。中共國安系統內緊跟江系作惡的鷹犬將像多米諾骨牌一樣倒下。

馬建落馬或誘發大陸情報機構重組

除了馬建落馬之外，現在據稱中共國安部副部長邱進也已遭免職審查。另一個副部長陸忠偉，亦因身邊祕書為美國中央情報局間諜，被提前退休。

此前的報導稱，中共現行的國家安全系統是在江澤民掌權時期成形的，對外是國安部，對內是公安部。

但是公安國保部門在周永康上位後，把國安部的多項職能收到公安部。公安國保不但越界管到原屬國安範疇，甚至也把原本用來對付國外特工的手段拿來對待國內公民，祕密監控、監聽，使得國安、公安在一些範圍內的職責出現了混亂。

2014 年 11 月 3 日，台灣《自由時報》報導稱，中共將進行情報與間諜機構改組，改採中央垂直管理，將原有的國家安全部及下屬各省、市級的國安局完全劃歸中共中央管理，中共國安部將劃分為國內安全部和國外安全部，新部門由兩名副總警監直接負責，未來將負責搜集和分析國內外、港澳台等情報信息。

有海外中文媒體報導，以國安、公安為標誌的「情報系」迄今仍未徹底與周永康割裂。習近平或將中共國安和公安的情報收集部分整合，專職於涉國家安全的情報收集、分析，對外設立情報局，對內設立調查局。

第五章

胡舒立曝曾慶紅貪腐遭報復

有神祕背景的大陸富商郭文貴在海外大爆大陸財新傳媒總編輯胡舒立的所謂「隱私」，遭到財新傳媒的控告。而財新是習近平、王岐山反腐打虎的風向標，已被朝野認同。因此，沒人相信郭是個人行為。由此，牽出對郭文貴背後勢力的質疑。

魯能集團貪腐案所涉關鍵人是曾慶紅的兒子曾偉。（新紀元合成圖）

第一節

胡舒立曝山東魯能案遭江派報復

胡舒立執掌的財新傳媒以揭露江派貪腐和濫權內幕著稱，受到江派的嫉恨，2009 年被迫集體辭職，另創辦財新傳媒。（Getty Images）

2015 年 4 月，郭文貴以公開信對胡舒立進行人身攻擊，並揚言要揭露胡背後的政治勢力；胡舒立執掌的財新傳媒一向以揭露江派貪腐和濫權內幕著稱，因此受到江派的嫉恨。

這次郭文貴和胡舒立隔空交戰，被視為兩人背後的中共高層的政治博弈。

胡舒立遭到江派代言人攻擊

2015 年 3 月 24 日，騰訊財經《稜鏡》刊發題為《郭文貴與他的神祕「盤古會」》的文章；3 月 25 日，胡舒立執掌的財新網發布特稿《郭文貴圍獵高官記：從結盟到反目》；3 月 26 日，財新又發表《起底郭文貴》，稱探訪了山東莘縣西曹營村郭家的墳地。

3 月 29 日，身在美國的郭文貴通過政泉控股官網發表公開信《針對胡舒立無理採訪郭文貴家祖墳的回應》，公開否認《財新》等媒體的有關報導，指胡舒立「以權謀私」、「惡意操縱虛假輿論」，公開信中還曝出胡的「個人私生活」及與自己的「私人恩怨」等，郭稱其手上掌握胡舒立的諸多猛料，並稱要與胡舒立當面公開對質等。

3 月 30 日，「財新網」30 日發表聲明稱，郭文貴通過媒體和互聯網「故意捏造並散布虛構的事實」，並稱已經報警。郭文貴則通過《香港商報》回應胡舒立稱，可在任何時間任何地點公開對質。

但該報導幾小時後消失，《商報》並在首頁轉載了鳳凰的評論文章《反擊胡舒立，郭文貴的手法太陰惡》。

《財新》等陸媒的報導重點在於曝光郭文貴與中共前國安部副部長馬建的勾結內幕，其中利用偷錄的淫亂視頻扳倒時任北京市副市長劉志華的事件，可能涉及江派大佬曾慶紅。

有分析認為，這是曾慶紅甚至江派對胡舒立實施的一種報復行為。胡舒立早在報導山東魯能案時就和江派結下了「梁子」。

胡舒立報導魯能案

胡舒立是中國傳媒界的知名人物，1998 年創辦《財經》雜誌，並擔任總編 11 年。

2007 年 1 月 8 日，《財經》雜誌發表《誰的魯能》一文，文章披露，曾慶紅的兒子曾偉及其朋友趙某以 37.3 億元的價格，買下了帳本淨值 738.05 億，實際價值超過 1100 億元的山東魯能集團 91.6%的股權，涉及資金高達 700 億元，事件轟動國內外。

報導令江派惱怒，李長春通過中共中宣部（當時部長就是劉雲山）向《財經》施壓，2009 年 10 月，總編輯胡舒立和她的團隊被迫集體辭職。期間，王岐山曾參與斡旋，試圖調解雙方，但最後胡舒立決定另立門戶，創辦財新傳媒。後來，在王岐山的支持下，財新把海南的《中國改革》雜誌也吸收進來。

2009 年 8 月 31 日，《財經》雜誌刊登了封面專題報導《器官何來？》，披露了發生在貴州省黔西南州興義市的一宗「殺人盜器官」案，隨即被北京當局查處。有分析指該文只不過把摘取器官的問題捅了一下，還未觸及法輪功遭活摘器官的雷區，便已令中共當局大為緊張。

無論胡舒立被封殺的真實原因，以及她之後的新起點和前景如何，可以預料，她以及她的新聞團隊仍然是新聞界關注的焦點。

反腐風向標

胡舒立本人與王岐山關係匪淺。據悉，胡舒立在王岐山任中國農業信託投資公司總經理的時候就已與王相識。

胡舒立主持的財新傳媒一直被認為是中共中紀委反腐動態的風向標，一直配合習近平、王岐山圍剿江澤民集團，大量曝光江派的貪腐內幕和濫權醜聞。

2013 年 9 月 25 日，「財新網」發表《拉古娜海灘的黃家》特稿，詳細解析了「中石油窩案」幕後神祕人物的材料和腐敗利益鏈，影射周永康的兒子周濱及兒媳黃婉。

同年 11 月 22 日，「財新網」又發文披露，原中國海洋石油總公司幹部米曉東在 10 月 1 日前後被抓走。報導引述消息人士的話稱，43 歲的米曉東主要負責打理周濱在海上和陸上油田買賣的生意，周濱則隱居幕後。

2013 年 12 月初，包括周濱在內的周永康家人被捕。正是由此，「財新網」的報導似乎總能因為釋放某種信號而讓外界相信，並使江派陷於被動。因此，胡舒立和王岐山成為江派報復的目標。

郭文貴「暗算」王岐山

經過多次交鋒之後，胡、郭兩人之間的對壘驟然升級，郭文貴開始接受海外各大媒體的採訪。

郭文貴在接受採訪中自稱不認識曾慶紅，但很佩服王岐山。

2015 年 4 月 2 日，郭文貴在接受「美國之音」採訪時稱，他和 2008 年被判死緩的劉志華只有過一面之緣。而且是在時任北京市長王岐山的授意下找到的副市長劉志華。

在 2008 年北京奧運會期間，他和王岐山「關係很好」。

「財新網」在報導中稱：「郭文貴外表隨和，總是笑臉迎人，但長於權術，城府較深，待人貌似很好，乍見之下往往給人留下好印象，下手卻黑。」

這次郭文貴對媒體大講其與王岐山「關係很好」，有分析認為，這是郭文貴對王岐山的一種政治「暗算」，符合其下手黑的特點。

外界分析稱，郭文貴之所以敢「暗算」王岐山，原因之一是他有高層背景。郭文貴和胡舒立隔空交戰，被視為他們背後中共高層的政治博弈。目前海內外輿論大多將郭文貴的大後台指向「巨虎」曾慶紅，甚至江澤民。

第二節

郭文貴和胡舒立公開對決

財新傳媒總編輯胡舒立（左），與「權力獵手」商人郭文貴（右）之間的公開對決，其紛爭背後是習江鬥。（新紀元合成圖）

2017 年 3 月，郭文貴在爆料中再次攻擊胡舒立，他們兩人到底有什麼恩怨呢？讓我們回到 2015 年兩人最初結下梁子時。

2015 年 3 月底，「神祕商人」、北京政泉控股幕後老闆郭文貴和「中國最危險女人」、財新傳媒總編輯胡舒立之間隔洋公開對決，引爆輿論。

郭、胡紛爭背後內幕非一般人所能想像。據媒體分析報導，郭文貴背後靠山可能是曾慶紅和江澤民。作為一個被形容為「權力獵手」的商人郭文貴，牽出兩隻「超級大老虎」，確實不簡單。

郭、胡對決或引爆中國政局巨變。

郭文貴與胡舒立隔洋對決

2015 年 3 月 24 日，騰訊財經《棱鏡》首先拋出名為《郭文貴與他的神祕「盤古會」》的文章；3 月 25 日，胡舒立執掌的「財新網」發布特稿《郭文貴圍獵高官記：從結盟到反目》；「財經網」於 3 月 26 日發表了《起底郭文貴》的文章，自稱探訪了山東莘縣西曹營村郭家的墳地。

「財新網」的特稿報導，倚仗馬建等中共安全、公安部門實權官員的支援，包括暗中的技術手段監視竊聽和明面上的親自出面協調，郭文貴扳倒了北京原副市長劉志華，保住盤古大觀，低價獲得民族證券控股權等黑幕。

2015 年 3 月 29 日，現在美國的郭文貴通過政泉控股的官網發表致財新傳媒總編輯胡舒立的公開信——《針對胡舒立無理採訪郭文貴家祖墳的回應》。同日，《香港商報》在首頁轉載了鳳凰評論的文章《反擊胡舒立，郭文貴的手法太陰惡》。

評論稱，郭文貴這則聲明並沒有正面回應報導中提及的政商非正常關聯問題，舉凡文中涉及的劉志華、曲龍、王有杰、王紹政、謝建生、鄭介甫、石發亮等信息點，在聲明中均以「不認識」一概否認，也沒有拿出任何證據來回應報導中翔實的調查。這種矢口否認的做法，可以視為是一種回應，但卻是最缺乏效率的回應。

財新傳媒在 3 月 30 日發表公開聲明，稱郭文貴「捏造並散布虛構的事實」，並稱已向警方報案。

到了 30 日晚間，政泉控股官微悄然撤下了郭文貴的公開信。

不過，郭文貴在接受《南華早報》採訪時高調宣稱，自己的公司沒有刪除微博上針對胡舒立的那封公開信，「這是被刪除的，不是我們主動刪除的。我們接下來會公告，是誰刪掉了。」

緊接著，郭、胡兩人的「隔空對戰」升級，郭文貴開始接受海外各大媒體的採訪。郭文貴對港媒表示，他不是中國公民，受美國法律保護，挑戰意味更加明顯。

財新傳媒法律部 3 月 31 日晚再次發表中英文聲明，指責郭文貴和部分港媒涉嫌對胡舒立構成誹謗罪，並已聘請律師，擬在香港起訴郭文貴及相關港媒，追究相關人員的法律責任。

郭、胡紛爭內幕 外界難以想像

2015 年 3 月 30 日，親胡、習陣營的消息人士牛淚撰文稱，郭文貴和胡舒立之間紛爭背後，是中國政治社會的深刻變局；博弈內幕非一般人所能想像。

牛淚分析稱，「為什麼郭文貴如胡舒立所言犯了那麼多大事，他在國內的生意依舊風生水起，麾下商業不僅沒有被查封，反而還能打贏北大方正？為什麼他為外界所知的政治靠山明明已經倒掉，卻仍然具有這麼大的『駕馭權貴如芻狗』能量，而且能夠以如此毒辣的手段，對準胡舒立的下三路進行猛烈炮轟？」

文中說：「這裡面的風險、博弈、妥協、鬥爭非一般人可以獲知，也非一般人能夠想像，它正考驗著每一個參與者的手腕和魄力，至少在未來一到兩年之內，板塊間的摩擦碰撞，還會像地殼運動一樣製造出或大或小的火山地震，直到在地質結構上形成新的相對平衡與穩定。」文章暗示雙方均涉及更高層人物。

另外，新浪微博認證為「北京來美利科技中心經理馬臣」的微博用戶「生命財富安保專家馬臣」3 月 28 日也發微博稱，「盤古大觀」從打地基到竣工歷時 7 至 8 年時間。一開始叫摩根七星，後來爛尾，再後來改為「盤古大觀」。其實它真正的主人既不是郭文貴，也不是馬建，真正的屬主沒人敢報。另外，郭文貴花絕最後的 1.2 億從誰手裡買的二手飛機，也沒人敢報。

郭文貴的靠山是馬建和曾慶紅

據多家陸媒報導，2006 年，郭文貴聯手馬建，利用在香港酒店偷拍的淫亂視頻，扳倒時任北京副市長、負責奧運基建項目的劉志華，最終如願拿回了摩根中心地塊。

港媒《前哨》報導，曾慶紅也介入了當年的摩根中心事件。曾慶紅曾經對摩根中心的歸屬做了批示，在劉志華倒台後，幫助郭文貴拿回摩根中心，「但現在還無法知道，曾慶紅有否錄影或受賄證據在郭文貴手中。」「曾慶紅兒子曾偉拿了郭文貴多少銀子，只有他們自己清楚，但是，人們都知道曾偉的一句名言：少於一個億的進項，免談！」

《中國密報》此前報導，馬建的後面站著的是比周永康更有來頭的曾慶紅，因此馬建被抓後，外界大為震驚。因為馬在幾個月前還是國安部長候選人中呼聲不低的人，熟悉內情的北京消息人士說，真正令人吃驚的是習近平動了曾慶紅的紅人馬建。

報導還稱，馬建夫婦與曾慶紅的江西老表關係拉近了兩人的距離，因此曾慶紅培植馬建。馬建及其妻子都是江西人，他的副部長職位正是曾慶紅安排的；有了曾慶紅這個靠山，馬建用不著再去拜周永康的山頭，就這樣，馬建成了曾慶紅經營的「江西幫」的一大主要人物。

中共前國安副部長馬建被指是江派二號人物、中共前政治局常委曾慶紅的心腹。2015 年 1 月 16 日被調查，2 月 25 日其政協委員資格被撤銷。

郭文貴背後還牽扯江澤民和賈廷安

2017 年 1 月 11 日晚，消息人士牛淚發表博文《郭文貴背後是誰？能說出來的都不算事兒！》文章稱，政泉控股和北大方正掐架，這些能公開說出來的內容，根本就是拔蘿蔔帶出來的「泥」。真正背後有怎樣的角力，最終目標要指向誰，是誰設下如此布局，為了什麼樣的目的，這四個現在還不能說、也許以後也不能說的關鍵問題，才是背後的要害。

牛淚稱，外界可以從郭文貴因為商業糾紛，能把分管奧運基建的原北京市副市長劉志華輕易送進監獄，就知道這人有著什麼樣的「能量」與背景。

牛淚稱，郭文貴不過是在前台代人執事的「白手套」，「要在北京這個魚龍混雜的地產碼頭強占一席，不管真假，都必須要有人在背後力挺，才能安穩賺錢，安度餘生。」

誰又是郭文貴背後的「貴人」呢？他為什麼又要在這個時候策動北大方正和政泉股份的這場糾紛呢？牛淚稱，這兩個問題，天知、地知、郭文貴知、他身後的「貴人」知。

牛淚最後還表示，政泉控股和北大方正對壘，恐怕不是一場簡單的商業糾紛，而是一場「連環殺」，相關布局可能在比十八大更早的數年前就已精心布下。現在，角力不過才剛剛開始。

牛淚的文章引發網民熱議。有網民表示，「2001 年申奧成功的時間窗口已經非常清楚了。」有跟帖表示，牛淚文章影射郭文貴的背後是中共前黨魁江澤民。

還有網民直接表示看懂了牛淚的爆料密碼，誰是郭文貴的貴人，其實已經被牛淚巧妙的隱藏在文章裡。跟帖引用文章中一句話稱，「不管真『假』，都必須要有人在背後力『挺』，才能『安』穩賺錢……還看不出來？？？那真是沒辦法了！」近乎直接點名賈廷安。

郭、胡對決或引爆中國政局巨變

美國時政評論家李天笑接受《大紀元》採訪時表示，郭文貴和胡舒立之間的爭執表面上看是他們個人的紛爭，甚至是牽扯到一些商業問題，但實質應該是在打擊、圍剿江澤民、曾慶紅的關鍵時刻，此事件起到一個攪局、把局勢引向一些枝節問題、或引向跟直接圍抓江、曾沒有直接關係的事情上。

李天笑分析，這種攪局其實對習近平、王岐山「打虎」而言，不會有很大的衝擊。胡的「財新網」在習、王打「大老虎」過程中起了重要的作用。郭、胡惡戰也可以視為是江派他們現在已經到了窮途末路、狗急跳牆的一種表現，就是說他們會用各種方式來進行一個攪局或是阻礙等。

時政評論員吳少華表示，三年前王立軍出逃美領館，拉開了中國政局巨變的序幕。同時揭開了中共高層的黑幕。江澤民集團針對習近平政變奪權計畫因薄熙來落馬而失敗，這三年來，許多參與政變的江派人員紛紛落馬。進入 2015 年，習近平對江派的打擊升級，已發出「反腐上不封頂」信號，鎖定了曾慶紅和江澤民，中國的政局已進入到隨時有可能抓捕江澤民的階段。

郭文貴挑戰胡舒立的背後或是曾慶紅與王岐山對決，暗示中共最高層搏擊走向全面公開化，胡、郭鬥或引爆中國政局終極巨變。

郭文貴個人經歷頗具「傳奇」色彩

郭文貴的個人經歷頗具「傳奇」色彩。在商界，他從「神祕富商」變成「戰神」；在政界，他被稱為領導都怕的「權力獵手」。

郭文貴在中國大陸常用的一張身份證上寫著他是河南省鄭州市中原區人，生於 1967 年 2 月 2 日。他還有香港身份以及多個英文名，其中一個香港身份名字是郭浩雲。有關公司的簡歷稱郭浩雲生於 1968 年 10 月 5 日。

實際上郭文貴是山東省莘縣古城鎮西曹營村人。1980 年代初，郭文貴進入古城中學讀初中。畢業後未考上高中。此後，郭文貴帶著古城鎮的姑娘岳慶芝，赴河南省鄭州市定居。

郭文貴 1990 年任黑龍江林藥公司駐鄭州業務處工作人員。1992 年成為河南大老闆家具廠董事長。1993 年 9 月，郭文貴的河南大老闆家具廠與香港愛蓮有限公司合資成立裕達置業，初始註冊資本 1500 萬元人民幣，郭文貴擔任副董事長兼總經理，與董事長雙方各出資一半。

1997年3月24日，郭文貴、張X成立鄭州偉仁貿易有限公司，取代河南大老闆公司，開始開發裕達國貿大廈，此後工程陷入多起訴訟，但 1999 年 6 月，裕達國貿大廈整體投入使用。

1998 年 10 月，香港愛蓮與郭文貴在大陸的公司同時將所持裕達置業股份轉給香港商人郭浩雲（即郭文貴），裕達置業變更為香港獨資企業。

1998 年 6 月，郭文貴和演員朱 XX 合資成立北京文茂投資顧問有限公司，後來更名為北京摩根投資有限公司。2002 年 1 月 8 日，郭文貴在北京成立了另一家公司北京政泉置業有限公司，最後更名為北京政泉控股有限公司。

2002 年，郭文貴控制的摩根投資、政泉置業分別獲得北京市朝陽區大屯鄉的兩個地塊，分別建設摩根中心、金泉廣場。2003 年，摩根中心工程停工。2005 年 10 月，摩根中心的國有土地使用權被收回。2006年，郭文貴與時任中共國安部長助理馬建合作，扳倒時任北京市副市長劉志華，拿回摩根中心地塊，此後該項目更名為盤古大觀。

2013 年 5 月，郭文貴因為注資民族證券缺少資金，便通過北大方正集團旗下的方正東亞信託融資 80 億元人民幣。2013 年 10 月，方正東亞信託向上海銀行轉讓了這筆 49 億元人民幣、為期兩年的債權。此後郭文貴與北大方正集團 CEO 李友決裂。

為了爭奪方正證券的控制權，2014 年下半年，避居海外的郭文貴遙控政泉控股舉報北大方正集團，北大方正集團也舉報政泉控股。2014 年 12 月 19 日凌晨，李友逃離北大博雅國際酒店，2015 年 1 月 4 日被帶走調查，其間李友曾致信有關部門舉報郭文貴、馬建。馬建最遲在 2015 年 1 月 7 日被帶走調查，2015 年 1 月 16 日中紀委通報稱中共國安部副部長馬建被調查。此後，馬建的弟弟馬龍、前任祕書也被調查。

在此前後，郭文貴被媒體曝出很可能與江派大佬江澤民和曾慶紅有利益勾連。

作為一個商人，郭文貴牽出兩隻「超級大老虎」，確實不簡單。郭文貴由此也迅速成為中國政局風暴眼中心的一號重要角色。

在胡潤百富中國富豪榜中，2013 年郭文貴以個人資產 58 億元位列第 323 名，2014 年以個人資產 155 億元升至第 74 位。

「中國最危險女人」胡舒立

胡舒立 1953 年出生於北京。1982 年中國人民大學新聞系畢業。1987 年獲美國 World Press Institute 獎學金，訪問美國各傳媒。1994 年獲美國斯坦福大學奈特獎學金修讀經濟學。2000 年，進入美國福坦莫大學與北京大學中國經濟研究中心合作的項目，畢業後獲得高階工商管理碩士（EMBA）學位。

1982 年，胡舒立任《工人日報》國際新聞編輯和記者。1985 年應邀訪問美國。1992 年任《中華工商時報》國際新聞部主任和首席記者。

胡舒立有「中國最危險女人」之稱，1998 年創辦《財經》雜誌，並擔任主編 11 年。2007 年，她的團隊刊出《誰的魯能》，文章大曝江澤民大管家曾慶紅家族的貪腐黑幕，涉及數額達 700 億，事件引起國際國內的轟動。

此事件令江派惱羞成怒，前常委李長春施壓中宣部（當時的中宣部長就是劉雲山），2009 年 10 月，胡舒立率領團隊被迫集體辭職。

胡舒立本人據稱與中紀委書記王岐山、甚至中共總書記習近平都關係密切；其創建的財新傳媒被視為親習近平陣營的媒體。

有香港媒體曾經報導說，習近平與胡舒立也是淵源深厚。1985 年，胡舒立被《工人日報》派往廈門做駐站記者，習近平時任常務副市長，兩人彼時已有來往。據悉，2009 年胡舒立團隊離開《財經》後，迅速搭起了新媒體平台，其中《財經新聞周刊》獲時任浙江省委書記習近平的支持，由《浙江日報》投資。

有消息稱，胡舒立在王岐山任中國農業信託投資公司總經理的時候就已與其相識。在胡舒立準備出走《財經》之際，王岐山曾參與斡旋，試圖調解雙方，但最後胡舒立還是另立門戶。胡舒立創辦財新傳媒後，在王岐山的支持下，把海南的《中國改革》雜誌也吸收進來。

財新傳媒的報導一直被認為是中紀委反腐動態的風向標。

第三節

郭文貴攻擊胡舒立事件後續

2015 年 4 月 6 日，海外博訊網發表了對郭文貴的多個錄音採訪，郭文貴在採訪中繼續叫板胡舒立，仍「死死咬住」胡舒立，要她回應「私生子」的問題。郭文貴稱，「我說她有私生子，我說要做親子鑒定，這孩子是誰的？」並要求和胡直接對話。

對於郭文貴的叫板，4 月 7 日，大陸《財經》雜誌發表題為《郭文貴稱李友有「私生子」 李友三弟：孩子是我的》報導稱，李友的三弟李權向該雜誌提供戶口名簿影印本，其中顯示李澤某為李友之子。李權說：「孩子是我的。」2009 年 1 月 14 日李澤某戶籍由鄭州遷往上海。

李權委託上海泰思特醫學檢驗所做了 DNA 遺傳親子鑒定，該親子鑒定報告顯示，被鑒定人李權與妻子是李澤某的生物學父母。此報告落款日期為 2015 年 4 月 3 日。

報導稱，按照李權的說法，因為李友只有兩個女兒，2006 年他通過購買出生證的方式，將兒子「過繼」給李友，同時戶籍落在了李友家。2009 年初，李澤某的戶口隨李友遷往上海。

李權稱，目前他家在上海，孩子隨自己生活。至於為何做親子鑒定，李權稱，是因為孩子被私生子傳言困擾傷害，「我肯定要保護我的孩子。」

郭文貴面臨更艱難的處境

2015 年 3 月 29 日，郭文貴在其公司官網公開發文大戰胡舒立，並大曝胡舒立「個人隱私」，稱胡是李友的情婦，兩人還有一「私生子」，甚至還公開了這名「私生子」的身份證號。

不過經查證發現，據郭文貴貼出的所謂「私生子」的身份證號查詢，在該身份證持有人出生之前的 16 天，時任《財經》雜誌主編的胡舒立出席了《財經》雜誌與世紀星源官司的記者會。她當時在公眾面前出現時並無異樣。郭文貴因此遭到質疑。

3 月 30 日，《財新》接戰反擊，發表聲明稱，郭文貴通過媒體和互聯網故意捏造並散布虛構的事實。《財新》已經報警。

財新傳媒法律部 3 月 31 日晚再次發表中英文聲明，指責政泉控股老闆郭文貴和部分港媒涉嫌對其總編輯胡舒立構成誹謗罪，並已聘請律師，擬在香港起訴郭文貴及相關港媒，追究其法律責任。分析認為，郭文貴的後台為中共前政治局常委曾慶紅，其故弄玄虛、扯虎皮亂咬人般的指控，意給習近平、王岐山反腐局勢製造混亂。

財新批「偽君子」 針對曾慶紅

2015年4月3日，財新網首頁大標題下的「財新假日版」首篇文章刊登了專欄作家米琴的《偽君子中的受騙者和思考者》一文，直至6日該文都沒有被更換。

《偽君子》是法國著名喜劇作家莫里哀的名作，塑造了一個叫答丟夫的無賴，通過偽裝成一個虔誠的信徒，一個拋棄人間一切情欲、一心向著上帝的苦修者，而騙取了商人奧爾恭的信任，住進了其家中。答丟夫真正的目的是勾引其妻子並奪取其家財，最後真相敗露，答丟夫也成為「偽君子」的代名詞。

時政評論員楊寧表示，文章的導言「答丟夫對別人的歪曲指控，正暴露出自己的醜惡內心；克雷央還希望答丟夫能痛改前非，重新做人」頗有意味。似在說詆毀胡舒立的郭文貴內心醜惡，又似乎另有所指。

中共官場很多人都知道，曾慶紅就有「偽君子」的綽號。2010年，香港一家媒體發表了一篇題為《曾慶紅家產百億元——眾元老批曾富豪是偽君子》的文章，文中披露了很多鮮為人知的祕密。

楊寧表示，財新網刊文在譏諷曾慶紅的同時，也通過答丟夫最終被繩之以法的結局，昭示了曾慶紅即將面臨著同樣的結局。

第六章

張越、車鋒與郭文貴勾結圈錢

已落馬的河北政法委書記張越，因投靠江澤民、曾慶紅，大搞官商勾結，權錢交易，與江派官員周本順、戴相龍沆瀣一氣，對習近平當局打虎反貪陽奉陰違，陰謀政變；還與商人郭文貴、車峰密謀，打擊政敵，侵吞富商的大量財產，導致冤案叢生。

張越（左）與郭文貴（右）勾結圈錢，侵吞國資，並利用公權力打擊私仇。（新紀元合成圖）

第一節

遲到的河北政法書記張越被抓

2016 年 4 月 16 日晚，中共中紀委網站發布消息，中共河北省委常委、政法委書記張越涉嫌「嚴重違紀」，目前正被調查。

據海外媒體報導，張越是在參加河北省委常委（擴大）會議後的次日下午 6 時下班前，在辦公室被中紀委人員帶走的。據說張越隨身帶有兩把手槍，所以抓捕行動顯得格外謹慎，當天大約有 40 名特警參與抓捕張越的行動。張越被帶走的時候，兩眼緊閉，臉色蒼白，目擊者稱他被抬進警車。

「張越總算被抓了！」大陸媒體這樣評論說。早在三年前，被百姓稱為「河北王」的張越就傳出被查的消息，不過他被帶走幾天後又回來了。

據河北省公安廳一幹部稱，張越為人驕橫跋扈，一口京腔，說話沒水準，還常罵人，做事心狠手辣，很多人都敢怒不敢言。由於他口碑很差，在河北拿下多隻大老虎後，當地百姓都在議論：

張越掌控公安，到處稱王稱霸，怎麼沒把他給拿下呢？「張越不倒，反腐未已」。

特別是 2015 年國安部副部長馬建落馬後，張越的名字在海外網路上開始頻繁曝光，儘管當時大陸的媒體沒有直接點名，但文中卻以其官職代之，並披露不少張行為的細節。

有陸媒稱，2013 年，周永康案開始從蔣潔敏等人發酵時，張越在京開會時就被帶走問話，只是後來又平安歸來，歸來後的張越明顯收斂了不少。知情人士還告訴「財新」記者，河北官場也一直在傳張越出事，好多人開始遠離張越，「司機都不太願意給他開車了。」

「河北四虎」曾在習面前互批演戲

據北京官場人士透露，王岐山早就盯上張越了，習近平在 2013 年就專門到過河北，對「河北四虎」進行過警告，這四虎就是十八大後相繼落馬的河北省委祕書長景春華、組織部長梁濱、省委書記周本順及政法委書記張越。

2013 年 9 月 23 日至 25 日，河北省委常委舉行專題民主生活會，到訪的習近平全程參加。中共官媒評論說，作為總書記的習近平用四個半天參加一個省委常委的民主生活會，可謂開創之舉。

周本順、張越、景春華、梁濱被稱為周永康派系裡的「四劍客」，周本順是周永康的鐵桿心腹，張越任北京市公安局副局長期間就成了周永康的馬仔，而景春華是河北承德市市長、承德市委副書記，不斷向令計劃靠近，張越和景春華還是山東廣饒縣老鄉。梁濱曾在山西任副省長，與令計劃家人關係密切，也就是說，這四人是周永康、令計劃案的關鍵核心人物，他們直接參與執行了周永康、令計劃的很多陰謀。

據說那幾天習近平一直不動聲色地聽取周本順、梁濱、景春華、張越的「批評與自我批評」。時任省委祕書長的景春華批評周本順，要更加注重「決策民主化」；省委組織部長梁濱批評周本順，要盡快熟悉官員的總體情況，「特別是注重保持幹部政策的連續性」；沒有發現當時張越批評周本順的言語，但周本順批評張越：「不太注重抓隊伍建設的問題。」

除互批外，他們還「自我批評」了一番。周本順批自己在執行當局的「不敢腐」的問題上，「總怕影響一個地方一個部門的穩定發展」，所以就怕懲治力度大了，震動太大。

不過這些「批評與自我批評」都是沒用的虛招。等到了 2015 年 6 月，江派鐵桿周本順依舊拋出了一個祕密核彈，想在北戴河會議上彈劾習近平，趁機逼習辭職。

「河北幫」勾結江曾欲搞政變

周本順落馬後，前香港《文匯報》記者姜維平引用可靠的消息來源說，周本順、梁濱、景春華和張越都是「河北幫」主要成員，他們與周永康、江澤民和曾慶紅的人馬相互勾結，結成一個貪腐「大老虎」的利益集團，盤根錯節，勢力驚人。

周本順在被查處的前半年，祕密起草了一份《河北政情通報》，由張越直接呈送給曾慶紅，並進而轉呈江澤民。這份絕密報告內容主要包括：反腐導致河北省經濟嚴重下滑；習、王反腐「已經走上邪路」，變成了二次文革等等。他們把所有責任和問題全部歸咎於中共中央，推到了習、王反腐的頭上。

消息人士說，這份《河北政情通報》是由周本順授意，張越一手操辦，組織人力撰寫的。江澤民和曾慶紅認為《河北政情通報》是一顆「政治核彈」，一旦拿到北戴河會議上便會引起共鳴，對習、王群起攻之。

哪知道習近平先下手為強了，還沒等到中共北戴河會議召開，周本順就於 2015 年 7 月被抓。不過那個時候，張越卻沒動。

郭文貴案動了馬建卻沒動張越

據陸媒報導，張越貪腐傳聞的大量曝光始於郭文貴事件。2015 年 1 月 16 日，中共國安部副部長馬建被宣布接受調查，當年 3 月下旬，與馬建關係密切的政泉控股幕後老闆郭文貴被陸媒紛紛起底，其中不點名地提到張越，稱此人與馬建同是郭文貴龐大政商網中的關鍵人物。

2015 年 3 月 25 日，大陸「財新網」《郭文貴圍獵高官記》披露，郭文貴和以馬建為代表的少數官員結成同盟，將原北京副市長劉志華送進牢籠，暗指張越也在其中。2015 年 4 月，滯留在海外的郭文貴通過媒體向「財新網」總編胡舒立宣戰，9 日，海外媒體報導稱，郭文貴手中掌握胡舒立等的微信、簡訊，這些信息就是來自河北政法委書記張越。

報導還說，張越在盤古大觀擁有三套豪華公寓，其中一套裝修為豪華行宮，很多河北省歌舞團的演員都在此留宿過，並且驚歎「盤古大觀」才是名副其實的「天上人間」。

據內部消息，僅在 2015 年張越就被中紀委約談了三次，第一次（2015 年 3 月 10 日）是去了 2 天就回來。第二次是去了 3 天（2015 年 5 月 31 日），第三次是（2015 年 8 月 29 日）去了 5 天。

河北省於 2014 年颳起反腐風暴，民間認為毫無疑問的「首虎」應該就是張越，但 2014 年 11 月河北省第一個被抓的「老虎」是組織部長梁濱。甚至有報導說，當年張越多次被帶走問話，其間還缺席了數次重要的會議，但一般隔段時間就回來了。

在機關大院，一些同僚和張越見面時很尷尬，好多人開始遠離張越。但這一年，張越安然無恙。等到了 2015 年 3 月中共「兩會」前，與張越關係密切的河北省委祕書長景春華落馬，方正集團 CEO 李友、國安部副部長馬建相繼東窗事發，與李友長期互撕的盤古大觀實際控制人郭文貴突然消失，媒體大篇幅扒出郭某發跡舊事，點名道姓提到張越對郭的幫助。當時，張越沒有落馬，報導也一直沒有被刪。

人們不禁要問，那麼多副國級、正部級老虎都打了，一位口碑如此之差、民怨如此之深的副部級老虎，拿下他為何這麼難呢？

有消息稱，京城有個中共黨內大佬一直為張越說話，將其錯誤和問題全部推到周永康和其他人身上，令張越一次次過關。這次突然抓捕張越，不知是中共黨內派別矛盾激化所致，還是其他原因。

第二節

張越的大後台

張越依附周永康而「飛黃騰達」，與李東生都是公安部「610」系統頭目。如今，嚴重迫害法輪功的這三頭目已陸續落馬。（新紀元合成圖）

張越因妻攀上周永康 4000 萬買官

原香港《文匯報》記者姜維平於 2015 年 6 月 3 日在自由亞洲電台網站發表的《王岐山打「老虎」，張越、李承先急了》的文章中談到，有「小政法王」之稱的張越「曾是對周永康言聽計從的『小兄弟』，也是在首都商界情場和政界官場如魚得水的『風雲人物』。」

他說，張越最初從一個普通幹警做起，「曾在北京火車站開槍射殺平民百姓，有點類似前不久發生在黑龍江省慶安的槍擊事件中的『英雄』李樂斌，他後來靠搜刮民財，請客送禮，賄賂上級，一步步爬上北京市公安局副局長的寶座。後來，搭上周永康和令計劃這條賊船，迅速調至京畿重地河北省，升任省委常委兼省公安廳廳長。」

他分析張越的漏網是因為中紀委官員的徇私舞弊：「王岐山再有三頭六臂，也不可能事事親自所為，而下派的中紀委官員，有的怕得罪人，怕遭到張越和李承先的暗中報復，不得不迴避矛盾繞道走，有的收到張越和李承先的『大禮包』，與其同流合污，欺上瞞下，誤導案件走向，正如王岐山所言，查案不行，抹案行，抓人不行，交友行，甚至有的假借中紀委的名義，自搞一套，乘機內鬥，借刀殺人，而張越與李承先從中漁利。現被拘押的焦作市公安局副局長王紹政，就是因為沒順從張越、馬建等人的旨意而被整肅。雖然，他與李承先曾是新鄉市公安局的戰友，但為了個人升官發財，六親不認，反目為仇。」

陸媒《稜鏡》的報導證實了張越靠依附周永康而「飛黃騰達」。「張越不僅向周進行利益輸送，而能夠與周走近，是因為張的現任妻子孟莉與周的妻子賈曉燁為閨蜜，兩人曾一同在中共中央電視台財經頻道供職。」

2015 年 1 月海外媒體傳出張越被中紀委約談，報導提及「張越曾經行賄 4000 萬向周永康謀取官職」。另有報導披露，中紀委對河北政法委書記張越的調查顯示，張越曾給周永康送了價值 3000 萬的翡翠。

還有報導說，張越任北京市公安局副局長期間投靠周永康，還通過郭文貴投靠令計劃，後期在令計劃支持下與傅政華爭奪北京市公安局長的職務，但在這場爭奪戰中敗北。

10 年未平反 張越干涉聶樹斌案

2016 年 4 月 16 日，河北省政法委書記張越被調查。隨後網易新媒體「路標」發出長文《「河北王」張越憑妻子攀附周永康助郭文貴鯨吞百億國資》，報導稱張越任河北省政法委書記後，集公檢法大權於一身，干預河北法院重要案件的判決，導致該系統內對其意見很大。而轟動大陸的聶樹斌案10年未能平反，也與他介入干涉有關。

早在2005年，因王書金承認自己才是被判死刑的聶樹斌案的真凶，當時河北政法委因一案兩凶組成工作組，承諾盡快公布調查結果，但因張越掌控公檢法而無法兌現。河北省高法2013年的二審中維持原判——王書金非真凶。

王書金辯護律師向「路標」曝光河北政法委組建工作組非法介入，非法外提當事人，威逼利誘其不要蹚聶案的渾水，並承諾給其原同居女友和孩子辦低保。王書金拒絕後，被對方毆打施加酷刑，坐了半個月審問用的鐵椅子。

自2014年12月12日最高法指令山東省高院對聶案進行異地複查以來，該案複查期限已經四次延長，每次三個月，第四次延長至2016年6月15日。

助郭文貴非法收購民族證券

《新紀元》在《張越與郭文貴勾結圈錢，情節堪比大片》一文中報導說，張越至少在兩次重大事件上對郭文貴給予了幫助：收購民族證券股份，侵吞價值百億的國資企業；幫助控制舉報郭文貴侵吞國資的曲龍，並擊退另一位「仇敵」謝建升，使用包括刑訊逼供等手段。

據媒體報導，張越與中共國安部原副部長馬建聯手，動用公檢法和安全部門的力量，對競爭對手或合作夥伴進行豪奪、構陷、勒索，加上戴相龍女婿車峰的暗中助力，最終幫助北京著名地產項目盤古大觀實際擁有者、政泉控股實際控制人郭文貴低價收購民族證券，從而鯨吞上百億國資。

另據《第一財經日報》報導，張越被調查，或與其利用權力幫助郭文貴清掃宿敵、北京中垠投資有限公司原實際控制人曲龍有密切關聯。2011 年 3 月 31 日，在北京東四環某酒店內，張越的手下、郭文貴的保鏢以及國安部原副部長馬建下屬等一行 10 幾人，將曲龍所乘車輛圍堵，並暴力砸車，以「非法持有槍枝」罪名，將其異地抓捕到河北承德公安局。

曲龍被抓捕，距離郭文貴收購北京首都機場股份持有的民族證券股權僅一天之隔。當年 4 月 1 日，郭文貴順利辦理了民族證券控股權的受讓手續。郭文貴為防止曲龍這一知曉內情的人，對其收購民族證券構成威脅或導致功虧一簣，才指使張越、馬建等派人抓捕曲龍。曲龍最終被判處 15 年有期徒刑，剝奪政治權利五年，並沒收個人全部財產。

江澤民在公安部成立第 26 局內幕

不過無論張越和周永康私交如何好，如何得到貪腐集團「抱團取暖」效應的庇護，都無法解釋連周永康這個政治局常委都倒了，連李東生這個公安部副部長都在 2013 年底被抓了，而最高官銜只是河北省委政法委書記的張越，為何能挺到 2016 年呢？是誰在保張越呢？習近平、王岐山對此又是什麼策略呢？

《新紀元》周刊在報導李東生案時解釋過，發出類似疑問的關鍵原因，是不了解張越的一個被人忽視的「特殊身份」，以及這個身份在江澤民派系中的「重要性」。

表面上看，張越只是當過北京市公安副局長、河北省政法委書記，但他真正有分量的身份，卻是他曾經當過江澤民、周永康一手成立的公安部第 26 局局長。

據《真實的江澤民》一書介紹，張越是得到周永康、江澤民「欽點」的重要人物，因為他直接參與執行了江澤民對法輪功的鎮壓。

教人按照「真善忍」做好人的法輪功，1992 年由李洪志大師從長春傳出，由於法輪功在祛病健身、提高人們道德水準上具有的神奇效果，很快在 1998 年底有上億中國百姓學煉法輪功，這個數字超過了中共黨員人數，於是，妒忌心極強的江澤民，不顧政治局其他所有人的反對，在 1999 年 6 月 10 日成立了專門鎮壓法輪功的「610 辦公室」，並在 7 月 20 日悍然發動了對一億善良民眾的迫害。

2001 年，江澤民覺得公安部迫害法輪功的力度達不到他的要求，執意在公安系統內部也要建立「610 辦公室」，在公安部，原一局內專門迫害法輪功的部門分出去成立 26 局，即公安部的「610 辦公室」，在省以下，「610 辦公室」就設立在國保內部。雖然迫害法輪功主要由國保執行，但有重大行動，如嚴打或其他特殊情況時，其他部門也會加入專政機器。

「610 辦公室」是江澤民避開憲法和正常的法律程序，直接下令為迫害法輪功而專門成立的一個非法專職機構，因成立於 1999 年 6 月 10 日而得名。「610」類似於中共文革時期的「文革小組」，通過政法委控制中共的公檢法、國安、武警系統，還可以隨時調動外交、教育、司法、衛生等資源，實際上是另一個中央權力中心。

1961 年出生的張越，19 歲在北京市公安局宣武分局當民警，後來成為一處的副科級幹部。中共的公安局一處就是政治保衛處，後來改名叫「國內安全保衛處」。1999 年江澤民開始鎮壓法輪功時，張越是北京市公安局局長助理、國內安全保衛處處長。

為了升官，張越同其他官員一樣，搞了幾個虛假學位，一個是 1998 年獲得的中共中央黨校函授學院本科班政法專業畢業證，另一個是從 1999 年 9 月到 2002 年 7 月中共中央黨校函授學院在職研究生班法律專業學習。

賈曉燁是 2001 年嫁給周永康的，等到了 2003 年 11 月，周永康在收取了幾千萬賄賂後，把張越調到了新成立的公安部 26 局當局長，26 局也就是所謂反 X 教局，專門鎮壓異議人士。4 年期滿後，張越改任河北省公安廳黨委書記，2008 年 12 月升任中共河北省委常委。

江澤民在公安部成立第 26 局，是「610 辦公室」的具體執行機構，而張越曾任局長，是江澤民迫害法輪功的具體執行者。（大紀元合成圖）

也就是說，公安部 26 局是「610 辦公室」的具體執行機構，而張越則是江澤民迫害法輪功的具體執行者，江澤民私下發放的那些白紙條密令，都是靠張越等人來具體執行的，張越知道很多江澤民的祕密，這才是張越最重要的身份定性，也是江澤民一直要保張越的原因之一。

張越布署對香港《大紀元》的攻擊

2005 年 5 月 14 日，承印香港《大紀元時報》的印刷廠受到來自中共的恐嚇威脅，表示要停止為香港《大紀元時報》印刷報紙，使香港《大紀元時報》的印刷出版受到影響。據「追查國際」調查，當時的干擾破壞來自於中共高層指使，公安部直接參與。

調查發現，中共對《大紀元時報》等敢言獨立媒體的破壞和打壓是長期而系統的，是經過精心策劃的。早在 2004 年 10 月下旬，中共公安部在劉京（公安部副部長，中共中央「610 辦公室」實際負責人）授意下，由公安部「26 局」在深圳召開北京、天津、上海、山東、廣東、江蘇、陝西、湖南、安徽九省市公安廳和「610 辦公室」主任會議，密謀策劃對《大紀元時報》、「新唐人電視台」和「希望之聲國際廣播電台」的干擾破壞方案，並為此投入了大量的人力、物力和財力。

當時公安部「26 局」局長正是張越，其直接指揮布署了對《大紀元時報》的干擾破壞行動。

另外有消息說，張越主管國保特務，對於馬航事件中的佛教僧人的失蹤，浙江等地強拆基督教教堂等惡行，他都是參與者。

張越與李東生有相似隱祕頭銜

與張越有類似經歷的就是李東生。

張越搭上周永康，靠的主要是幾根線：迫害法輪功、行賄以及其妻與周永康妻子的閨蜜關係。李東生搭上周永康，靠的也是相同的伎倆，只是把金錢行賄換成了「性賄賂」，但把賣力迫害法輪功作為其政治資本，這點並沒有變。

1955 年 12 月出生的李東生，自 1999 年 6 月 10 日專門迫害法輪功的「610 辦公室」成立之後，即任中央「610 辦公室」副主任。1993 年 1 月至 2000 年 7 月又任中共央視副台長，2000 年 7 月任廣播電影電視總局副局長，2002 年 5 月出任中共中央宣傳部副部長。

李東生當中共央視副台長時，同時也是「610 辦公室」副主任，他主管的「焦點訪談」正是造謠誹謗法輪功的急先鋒。據不完全統計，「焦點訪談」從 1999 年 7 月 21 日到 2005 年為止的六年半中，共播出 102 集反法輪功的節目。其中 1999 年 7 月 21 日到 8 月 31 日的 42 天裡就播出了 30 集，幾乎占那個時間段所有「焦點訪談」節目的四分之三。

李東生更以媒體策劃人的角色參與了在 2001 年 1 月 23 日由江澤民、羅干團伙製造的「天安門自焚騙局」。「焦點訪談」的自焚節目，以煽動中國人仇視法輪功為目的。

《大紀元時報》獲悉，炮製「天安門自焚」世紀偽案，是江澤民、羅干、周永康、李東生、賈春旺等共同精心策劃的結果。此外，李東生還直接把反法輪功宣傳推向海外。

由於積極跟隨江澤民的迫害政策，為了選接班人，2009 年 10 月，周永康違規把從來沒有公安經歷、時任人大常委、教科文衛委員會委員的李東生塞進公安部黨委。

按規定，人大常務委員會的組成人員不得擔任國家行政機關、審判機關和檢察機關的職務，如果擔任上述職務，必須向常務委員會辭去相應職務。直到 2011 年 3 月，中共國務院才下達對李東生新的任免，同時升任公安部排名第二的副部長，並獲正部級待遇。

此舉據稱在公安系統內部也引發了極大爭議，因為誰都知道，按照這個排名，李東生已被內定是未來公安部長的人選。不過，2013 年底，李東生也成為十八大後中共公安部第一個落馬的副部級官員。

2013 年 12 月 12 日，歐洲議會通過一項緊急議案，要求中共立即停止活體摘除器官。8 天之後，2013 年 12 月 20 日，中紀委通告李東生因「涉嫌嚴重違紀違法」被調查。在新華社的通告中，李東生的第一頭銜是「中央防範和處理 X 教問題領導小組副組長、辦公室主任」，其次才是「公安部黨委副書記、副部長」，通告中罕見強調其跟迫害法輪功團體有關的隱祕頭銜。

《大紀元時報》獲悉，中南海高層研判，歐洲議會緊急議案在全球範圍曝光中共活摘器官，是法輪功學員在全球範圍「講真相」活動所導致。現任高層為留後路，抓捕了李東生。

江派要搞同歸於盡 習被迫反擊

陸媒稱，張越被抓的原因之一是其倒賣香港單程證，獲得暴利。不過中共公安國安倒賣證件已經有幾十年的歷史，幾乎是公開的制度性行為了。賴昌星當時就是花 50 萬得到了一個特別通行證，充當國安的眼線。中共公安部、安全部、軍隊，還有統戰部，都有權簽發這樣的通行證。

據知情人透露，香港每天有 150 個去香港定居的單程證名額，也就是一年 5 萬，但真正用到香港居民團聚的不到 5%，其他 95%的名額都被公安國安用來倒賣發財了。報導稱，張越和馬建常年半公開賣護照牟利。一本護照出售的市價是 150 萬至 200 萬港元，而且要關係很硬才給。

為何張越這時被抓呢？這就涉及到習近平、王岐山面臨的處境和打虎布署。

面對無官不貪的局面，王岐山曾公開喊話：只針對那些十八大後仍不收手的貪官，而張越正是這種江派的亡命徒：落馬半年前還幫助周本順搞出《河北政情通報》，想藉此逼習辭職。

步入 2016 年後，習近平當局的反腐「打虎」輿論戰指向「太上皇」江澤民，作為反撲，江派不斷搞事，由江派常委劉雲山把持的文宣系統不斷地以「高級黑」的方式對習近平進行攻擊，而且江派在經濟上的利益集團，不顧國家百姓安危，破壞性地想在經濟上搞出大壞事，從而把習近平趕下台。

比如中共兩會期間，3 月 4 日，由新疆自治區黨委宣傳部、財訊傳媒和阿裡巴巴三方打造的無界新聞網突然轉發一封要求習近平辭職的公開信，並威脅習近平注意「你和你家人自身安全」。據報，該事件不僅涉及江派劉雲山，周永康的心腹、新疆書記張春賢，還涉及令計劃的同學、中宣部副部長蔣建國等人。

3 月 13 日，中共喉舌新華社將「中國最高領導人習近平」寫成「中國最後領導人」。在此之前的新年晚會上，劉雲山大搞個人崇拜，還到處煽風點火，說是彭麗媛搞的這些節目，令習有苦難言。

最令北京當權者頭痛的是，2016 年 4 月上旬，江派依靠對外國媒體的滲透和欺騙，藉國際記者聯盟公布了「巴拿馬文件」，無論大陸如何封鎖，中國百姓還是得到了一個清晰的結論：中共無官不貪，你們在台上那些人，不都在搞錢嗎？不是自己搞，就是讓家屬搞，天下烏鴉一般黑，中國沒救了，於是才有股市的信心坍塌，股災頻發，才有那麼多資金外流，奪門而逃。

習留後手 「其他」可變三層罪

面對江派搞的「同歸於盡」的狂徒戰術，習近平陣營也早就留有後手。

翻開薄熙來、周永康、徐才厚等人的罪行定性，在最後都有一個「其他罪名」，台灣著名政治學教授明居正分析說，這個「其他」就是習近平留下的殺手鐧，簡單的說，習可根據局勢發展，給這些江派要員在經濟貪腐之外，再加上三層罪名，第一層就是政變罪，第二層就是反黨集團罪，第三層就是反人類罪。

這三層罪名一層比一層嚴重，但習也不得不考慮，假如給對方判以重罪，中共這個體制能否承受得了。因此除非萬不得已，一般情況下習只是用經濟罪來懲罰那些阻擋他改革施政的人。

面對江派拋出「巴拿馬文件」，據說習近平一度想讓王滬寧起草聲明，但後來習改變主意，開了兩個會，並抓了張越。

抓張越，點到了江澤民的死穴：鎮壓法輪功的罪行，這也點出了江澤民、曾慶紅才是薄熙來、周永康等人搞政變集團的總後台和主謀，因為這個政變集團的宗旨就是要維持和掩蓋對法輪功的血腥迫害，江澤民才是反黨集團的核心，才是反人類罪的元凶。

有消息說，習近平抓張越後，造成江派手上有法輪功血債成員們的嚴重恐慌，江澤民也慌了。和張越有來往的很多商界人士也被限制出境，與張越有關聯的海外、香港和台灣的一些商人都受到影響。

第三節

車鋒助郭文貴鯨吞華泰

據稱，中紀委在調查國安部副部長馬建案時，發現戴相龍（圖）女婿車峰牽涉案件的線索，才導致戴被查。（大紀元資料室）

2015 年 4 月 8 日，原天津市長戴相龍被調查。這被視為是郭文貴和馬建案的延續。這則傳聞的背後，有一個頗為驚人的財富搶劫故事：郭文貴和馬建曾合作霸占價值 20 億美元的天津環渤海集團，原老闆鄭介甫被迫流亡澳大利亞，此人被稱為將航母引入中國的第一人。

傳原天津市長戴相龍被調查

BBC 等海外媒體引述「彭博社」報導，前天津市長戴相龍因為涉嫌以權謀私被中紀委調查，但此消息尚未被中共當局證實。

2015 年 4 月 8 日，美國財經媒體集團「彭博社」報導，中紀委對戴相龍的調查主要是針對其在擔任央行行長、天津市長和全國社會保障基金理事會理事長期間，是否利用其影響力掌握的內部消息為親屬牟取利益。

據稱，中紀委在調查國安部副部長馬建案時，發現戴相龍女婿車峰牽涉案件的線索，才導致戴被查。

4 月 10 日，「法廣」引述知情者消息透露，戴相龍尚未被採取強制措施，銀監會等金融主管機構要求各金融機構協助中紀委調查，而戴的女婿車峰則處於協助調查，尚未被正式抓捕。

2013 年 1 月，《紐約時報》也曾爆料，2002 年戴相龍擔任中國央行（即中國人民銀行）行長，並對保險行業有監管權。戴相龍女婿車峰掌控的「鼎和創業投資有限公司」以「極其優惠的價格」買進平安保險公司的大量股份。到 2007 年，這筆投資最後一次公開時，股票已經價值 31 億美元。

報導稱，「數年後，平安保險進行了 IPO，這些內部交易者套現幾十億美元。」

「法廣」還報導，車峰一直和神祕富豪郭文貴關係密切，被指在郭開發的盤古大觀樓盤裡擁有「空中四合院」物業。郭以香港商人郭浩雲身份在香港持有的香港上市公司數字王國集團有限公司 2013 年財報顯示，郭浩雲與車峰同為該公司股東。

「博訊」的報導稱，在郭文貴「扳倒」劉志華後，結識了前央行行長戴相龍的女婿車峰，「並見識了金融大鱷圈錢的神奇故事」。此後，郭盤算「從過去地產掙錢轉向到車峰那種股市掙錢」，才有了後面收購民族證券的故事。

外界分析稱，此次戴相龍被調查，可被視為是郭文貴和馬建案的延續。

郭文貴鯨吞天津華泰公司

公開資料顯示，戴相龍，1944 年 10 月 1 日出生，江蘇省儀徵人，1995 年 6 月出任中國人民銀行行長、黨組書記。2002 年 12 月至 2007 年 12 月 28 日，戴先後出任中共天津市委副書記、天津市代市長、市長等職。離開天津後，戴還擔任過全國社會保障基金理事會理事長等職，目前仍任中國國際經濟交流中心副理事長、南開大學教授。

戴相龍剛剛離開天津，天津即發生了一起頗為驚人的財富搶劫故事。2008 年，天津環渤海集團有限公司（下稱天津環渤海）的一次內部紛爭，郭文貴以「撈人」的角色介入，卻登堂入室，通過隱祕操作獲取了天津環渤海下屬天津華泰控股集團股份有限公司（下稱天津華泰）的所有權，並從中套現 4 億元現金，以及一系列的其他資產。

天津環渤海董事局主席鄭介甫，被稱為將航母引入中國第一人。2000 年，鄭介甫花 8000 萬元從俄羅斯買入「基輔」號航母。2001 年 1 月將基輔號航空母艦的用途變為觀光。

2015 年 4 月 6 日，澳大利亞《大洋日報》發表題為《「響馬」郭文貴「打劫」華泰前後——記者探訪流亡富豪鄭介甫》的文章，鄭在文中感嘆，做夢都沒有想到自己成功的經商進程中，會遇上並敗給一位初中未畢業的山東商人郭文貴，資產被奪取，個人被通緝，人生事業皆被摧毀。

2004 年，鄭介甫的環渤海招募一名助手，即從事證券交易的趙雲安。2005 年底環渤海集團資金鏈緊張。趙對鄭稱自己能為環渤海集團融到 5000 萬現金，條件是自己必須成為天津華泰法人代表。迫於資金壓力，鄭介甫完成天津華泰的法人變更手續。2006 年下半年，趙雲安成為天津華泰董事長。然而，趙雲安承諾的資金卻遲遲未到位。不久之後，天津華泰持有的津濱發展股份進入市場流通，鄭介甫及時解決了資金難題。

2006 年，鄭介甫為了支付購買基輔號航空母艦的仲介費用，找到了河南籍商人謝建升，提出借款 1000 萬美元。用於抵押借款的是鄭實際控制的北京銀邦偉業投資有限公司（下文稱：銀邦），而銀邦最重要的資產就是間接控制天津華泰的控股權。

據鄭介甫介紹，從 2005 年到 2008 年三年時間，趙雲安通過私刻公章和偽造簽字等手段，偷天換日把銀邦的資產轉移至自己名下，並最終控制了天津華泰大約 73％的股權。2008 年，大夢初醒的鄭終於意識到趙雲安的問題，隨即報警。2008 年 5 月 23 日，天津市公安局以「涉嫌挪用資金罪」對趙雲安立案調查。

趙雲安被天津公安局羈押後，他的妻子白昱找到了趙雲安的大學同學虞曉峰，虞的身份是北京盤古氏投資有限公司（下稱：盤古投資）副董事長，郭文貴是盤古投資董事長。郭就是在此時盯上了天津華泰這塊大肥肉。「趙雲安在郭文貴的運作下，在羈押還不到一個月的時候就取保候審了。」鄭介甫說。

據虞曉峰在公安局的筆錄顯示，2008 年 7 月趙雲安前往盤古大觀與郭文貴見面，對其出手相助表示感謝。「趙雲安就是在此時決定將手中非法占有的天津華泰股份悉數轉讓給郭文貴，但在這個過程中郭文貴並沒有實質性的支付一分錢。」鄭介甫表示。

同年 9 月，郭文貴將天津華泰遷址鄭州，並更名為源潤公司。鄭介甫說：「趙雲安與郭文貴合作的條件之一，就是他要求郭文貴設法把我送進監獄，於是 2008 年末郭文貴就以我涉嫌職務侵占向鄭州公安局報案，我隨即被鄭州公安局通緝。而趙雲安的案子就徹底不了了之。」而鄭介甫因為當時正好在澳大利亞參加女兒畢業典禮，躲過一劫，也因被立案通緝而滯留在墨爾本。

鄭介甫說，因為擔心這樁股權糾紛存在的風險，郭文貴將天津華泰帳上資金全部掏空。根據郭瓜分華泰過程中的實際操盤手曲龍在公安局的筆錄顯示，天津華泰擬購買河南裕達置業有限公司價值約 10 億的房產。按照協議，天津華泰支付 2 億訂金，對應違約金也是 2 億。此後只需一分違約合同，即可合理轉移天津華泰股份帳面上的 4 億元資金。而事實上，當時裕達置業的相關物業已經在銀行做了抵押根本無法進行售賣。

除了上述 4 億資金之外，鄭介甫還透露，「當時天津華泰在河南還擁有一個鉬礦，從郭文貴對這個鉬礦的處理上就能窺豹一斑他是一個什麼樣的人，這個鉬礦儲量豐富，如果開採合理至少價值數十億，但是郭文貴根本無心做實業，他只喜歡類似『搶劫』方式得到的快錢，在郭文貴的干預下，鉬礦倒閉，所有資產被郭文貴席捲一空。」

鄭介甫二度流亡澳大利亞

在郭文貴指示曲龍瓜分華泰的過程中，這兩名「不分彼此的兄弟」開始出現裂痕，隨即兩人的鬥爭越演越烈。曲龍於 2011 年，主動向媒體爆料郭文貴收購民族證券的問題，徹底激怒了郭。

2011 年 3 月 31 日，曲龍在北京東南四環頌江南餐廳附近，被河北承德公安經偵支隊郭東斌、郭文貴保鏢趙廣東，以及時常出現在盤古大關的馬建手下、安全部某局處長高輝等數十人強行帶走。最終，曲龍因職務侵占被判刑 15 年。「瓜分華泰的得力幹將、郭文貴的『好兄弟』最後自己進了監獄，郭文貴斂財的血腥和殘酷可見一斑。」鄭介甫說。

2011 年，鄭州市公安局在經過長達 2 年多的調查取證後，認定鄭介甫涉嫌職務侵占的罪名不成立，進而撤銷對他的指控和通緝。鄭也就是在此時從墨爾本返回中國。

剛剛回到中國的鄭介甫非常希望解決天津華泰的問題，郭要他到北京盤古大廈談判。當天郭文貴根本沒有出現，而是郭手下的兩個馬仔明確告訴鄭介甫，不要想拿回天津華泰，而且還要追討鄭之前為了公司周轉，從天津華泰調動的資金。

2012 年 8 月，天津華泰的債主謝建升在解決無望要回借款的情況下，以合同詐騙向焦作公安局報案，華泰的原法人代表趙雲安被抓捕歸案。但是事態的發展跟當初在天津如出一轍。在趙雲安供認不諱、犯罪證據確鑿的情況下，時任安全部副部長馬建的運作下，最後不予批捕趙。

2012 年 9 月 30 日，負責謝建升案的專案組組長、焦作市公安局副局長王紹政涉嫌受賄遭到調查，而謝建升也因涉嫌行賄王紹政遭到通緝，不得不逃往加拿大。不久，鄭介甫也因為華泰的合同欺詐罪被焦作市公安局通緝，再一次流亡澳大利亞。

鄭介甫遭遇死亡威脅

2015 年 4 月 6 日，澳大利亞《悉尼晨鋒報》報導，鄭介甫的窘境是他不知道為什麼 4 月 1 日晚上一輛三菱轎車尾隨他到了墨爾本郊區，他們是習近平的反腐戰士還是習近平的反對者？

報導說，如果那輛車以及過去幾個晚上的車是由習近平團隊派出的話，那麼向澳洲警察報警將引發一場外交事件，並損害鄭介甫在中國重新開始事業的渴望。

鄭介甫告訴記者：「他們等在我的家門口。他們跟蹤我到海灘。但是我不想叫澳大利亞警察，因為我不知道是誰派他們來的。」

然而如果那輛車是由另外一方派來，鄭介甫說「那麼我將處於極大危險」。

鄭介甫指控，2008 年，一個精明無情的商人郭文貴跟大權在握的前國安部副部長馬建勾結霸占了他價值 20 億美元的天津環渤海集團。

在那之後，鄭介甫說，郭文貴和馬建摧毀了他所有重要的關係，破壞了他的婚姻，威脅他的子女，並一度派出六名戴著墨鏡穿著黑衣的爪牙找到他。於是他從寧靜的墨爾本灣區看著自己的商業王國被肢解。

「馬建和郭文貴的聯手是官和商的聯姻。」鄭介甫說：「在中國他們會告訴你，如果你不交出你的企業，他們將把你和你的所有人扔進監獄。」

3 月 10 日他的郵箱出現一張條子，上面寫道：「老鄭，回國是一件好事。咱們國內見。回去了，胡說八道的代價你清楚。趙雲安詐騙案與我們沒有關係。你們全家人的身家性命都在我們手上。保重吧，一切你都懂。」

鄭介甫說過去六年他充滿驚恐。他詳細描述了馬建的勢力範圍和郭文貴的馬仔在澳大利亞的馬仔網絡。

鄭介甫願意回到中國幫助習近平指證馬建和郭文貴。鄭說他有很多有用信息，包括有關郭文貴的兒子跟令計劃兒子令谷的關係。但是他首先需要一些高層的安全保證。

車鋒的雙衛網牽出江綿恆

2016 年 4 月 16 日，河北省政法委書記張越落馬後，被起底其權貴朋友車峰之沃和賽騰公司所承接的「雙衛網」計畫中，曝光了江綿恆不僅幫江澤民打造網路防火牆隔絕真實訊息，而且很早就介入全國衛生醫療系統。

河北省政法委書記張越落馬後，被起底曝光他的權貴「朋友圈」，張越結識最早、份量最重的是車峰。2003 年時，車峰與公司所在地的業主發生糾紛，時任北京市公安局副局長的張越出面調停，因而結識。這家公司名稱就叫「北京沃和賽騰網絡技術有限公司」。

沃和賽騰這家公司不是第一次被陸媒提及，此前一次出現在 2015 年 6 月《財新周刊》報導中。在車峰滿布金融、房地產的商業版圖中，沃和賽騰非常不起眼也經常被忽視。但這家公司曾經的合作對象與獨家生意，都不容小覷。

沃和賽騰，2000 年 1 月註冊成立，主營全國衛技人員遠端醫療培訓。成立之初就接獲大單，即「雙衛網」（中國衛星衛生科技教育網）建設，由當時的衛生部、中國航太工業總公司共同籌建，北京醫科大學承辦，主旨是將衛星應用技術產業化，推動全國範圍的醫療技術、衛生系統遠端教育網路。

據當時的新聞資料，此項建設計畫在 2000 年至 2005 年逐步完成全國 2 萬多站點的全網建設，沃和賽騰選定的網路設備商是中興通訊，中興通訊則是電信三大營運商（中移動、中聯通、中電信）長期配合的下游廠商。

當年中國航太工業與衛生部的這項合作，除了將衛星應用技術產業化之外，原因還有中國航太工業總公司中心醫院自 1997 年開始負責北京醫科大學（後稱北京大學醫學部）一部分臨床五年制學生實習，以及醫療在職教育遠端化需要。

中國航太工業是中國航太科工集團的前身之一，中國航太工業總公司中心醫院，即後來的航太中心醫院，又稱 721 醫院；其被國際矚目的背景，是 2006 年 4 月被列涉嫌參與中共活體摘取、販賣法輪功學員器官的第一批追查取證名單。

衛生部與中國航太工業推動的「雙衛網」2000 年起建，車峰的沃和賽騰同年 1 月成立，做完該項目後就收攤。

顯然因人設事。眾所周知，江綿恆自 1999 年起浸淫在航太雙科領域，又掌握網路、電信領域。在這個項目中，車峰與江綿恆，誰前台誰後台，不難看出。

沃和賽騰既出現在車峰案中，又出現在張越案中。曾經存在的這家公司表明了，江綿恆不僅幫江澤民打造網路防火牆隔絕真實訊息，而且也很早就介入全國衛生醫療系統。

第七章

起訴江澤民
官民都在圍剿江

習近平掌權後，密集反腐打虎，逐漸矛頭指向最大的貪腐根源江澤民家族。隨著深度清洗江派官場，不僅與江家交集深厚的各大利益集團全面遭到整肅，江家四代也同步遭遇圍剿。與此同時，江澤民本人持續傳出病危並上演死去活來鬧劇。

唯有強勢圍剿江澤民家族，「擒賊先擒王」，才能極大震懾江澤民集團，防範反撲，確保十九大平穩換屆和後續政局走向。（新紀元合成圖）

第一節

習近平打老老虎
密集團剿江家四代

日上免稅行最新股權變更，表明由江澤民父輩人物江世乾與孫輩人物江志成操控的這一利益地盤已被習當局接管。（大紀元資料室）

日上免稅行董事長江世乾被撤換
江志成利益地盤喪失

2017年3月22日，大陸媒體據國家企業信用信息公示系統查詢結果報導，中國免稅品（集團）有限公司（下稱中免集團）已參股日上免稅行有限公司（下稱日上免稅行），持股比例為51%，變更時間為3月14日；同時，日上免稅行的法定代表人和董事長也由江世乾變更為中免集團黨委書記王軒，中免集團總經理陳國強出任日上免稅行董事一職。

2014年4月11日，路透社發表了一篇特別報導《私募股權基金行業的太子黨》，披露江澤民的孫子江志成如何在中國牟利的三筆大交易，其中著墨最多的一筆就是收購上海及北京國際機場的「日上免稅行」。

據路透社報導，免稅商店在中國大陸一直為國營壟斷，直到江澤民主政的 1999 年才把上海浦東國際機場的免稅商店對外開放。美籍華人江世乾贏得投標，在浦東機場開設免稅商店日上免稅行。以後的 10 年期間，江世乾的生意快速發展，成為年收入超過 10 億美元，排名僅次於國企中免集團的超級免稅連鎖店。

2000 年，時任總理朱鎔基主管的國務院將上海以外的所有免稅店業務控制權從地方政府移交給中免集團。但 2005 年，日上免稅行打敗中免集團，獲得在北京首都國際機場開設免稅店的 10 年許可。

2011 年初，江志成的博裕資本購得上海及北京國際機場的日上免稅行。銀行家們估值日上免稅行應該在 16 億美元左右。但博裕的估值僅為 2 億美元，出資約 8000 萬美元收購日上免稅行的 40%股份。博裕僅收購日上免稅行這一筆生意就大賺 5.8 億美元。

路透社報導質疑，為什麼江世乾的日上免稅行能夠在江澤民主政時代以「特批」形式打進中國？江世乾為何要以似乎是折扣價格賣掉生意興隆的日上免稅行 40%的股權，甘願讓江澤民的孫子江志成在豐厚的利潤中分一杯羹？

早在 2013 年港媒就披露，江志成（Alvin）27 歲在港自立門戶搞私募資金；其 2010 年成立的博裕投資以香港為基地，股東卻在避稅天堂開曼群島註冊，又在美國證券交易委員會持牌成為「投資顧問」（investment adviser）。

報導還披露江志成和日上免稅行創辦人、美籍華人江世乾密切關係，包括江志成報住的香港豪宅和名車都是江世乾名下公司擁有。

據報，與江澤民相識於1986年的江世乾，其實與江澤民生父、漢奸江世俊和過繼父親江世侯（又名江上青）同屬「世」字輩的遠房親戚。「六四」後不久，江澤民踩著學生的屍體上位，江世乾就移居回上海，打著江澤民的旗號，撈金融、撈保險、撈基金。

1999年9月16日，上海浦東國際機場正式通航投入使用。原本經營其他領域的江世乾在1999年6月及時成立日上免稅集團有限公司（Sunrise Duty Free Group Limited），在上海機場經營權中打敗其他知名國際競標者，又在後來獲「特批」戰勝國企，入主北京首都機場免稅店。

江世乾以美籍華人身份成立的日上免稅行在江澤民主政時代以「特批」形式壟斷利潤豐厚的中國市場；又通過資本騰挪，將巨額財富轉手給江澤民孫子江志成。江澤民家族斂財手段可見一斑。

日上免稅行最新股權變更後，董事長與總經理換人，江世乾喪失控股權與經營決策權；股權結構也未顯示江志成的博裕資本。這表明由江澤民父輩人物江世乾與孫輩人物江志成操控的這一利益地盤已被習當局接管。

李克強高調清洗江綿恒的電信王國

日上免稅行股權變更事件為正值2017年中共兩會期間的3月14日。值得關注的是，3月5日李克強在政府工作報告中高調宣布「年內全部取消手機國內長途和漫遊費、降低多種電信費用」。

3月6日，習李當局即公布，從2017年10月1日起，國內三大運營商將全部取消手機國內長途和漫遊費。

大陸手機漫遊費始於1994年原中共郵電部發布的《關於加強移動電話機管理和調整移動電話資費標準的通知》。而1994年正是中國電信市場利益落入江澤民之子江綿恆手中的起始年。

1994年，三大電信商之一的中聯通由網通與聯通合併而成立，成為江綿恆打造其「電信王國」的槓桿公司。江綿恆的「電信王國」壟斷電信業牟取暴利至今已逾20年。

十八大以來，江綿恆的「電信王國」如中國聯通、中國移動的高管紛紛被查，相關整改方案不斷推出、實施。

此次兩會，李克強高調宣布取消手機國內長途和漫遊費，成為清洗江綿恆「電信王國」的又一個標誌性事件。

兩會結束後第一天，3月16日，中共上海市前副祕書長戴海波「受賄、隱瞞境外存款案」開審，戴被指控受賄近千萬元人民幣，當庭表示「認罪悔罪、服判」。而戴海波與江澤民家族關係密切，是江綿恆的馬仔。戴海波是上海覆蓋最廣的無線網路i-Shanghai項目的主管官員。

據報，i-Shanghai項目是由上海電信、上海移動、上海聯通三家電信運營商負責建設，其牽頭單位是上海市經信委。該項目背後隱現江綿恆的利益網絡。

吳志明第一副手陳旭落馬 上海政法系統逾百人被查

兩會前夕，3月1日，中共上海市檢察院原檢察長陳旭被「秒殺」，成為繼艾寶俊之後的上海「第二虎」。陳旭曾被舉報涉四人連環命案。陳旭早前還涉入社保案、陳良宇案、周正毅案等多個上海大案；而這些大案均牽連江澤民兒子江綿恆、江綿康。

陳旭長期任職上海法院、政法委、檢察院；曾任上海市政法委副書記，是時任上海政法委書記、江澤民侄子吳志明的第一副手。

吳志明從 2000 年開始，操控上海政法武警黑勢力長達十餘年，全力配合江澤民主導上海政法系統對法輪功的迫害，還涉及多起腐敗大案。近來其被調查的傳聞不斷，出事信號頻現。

2016 年中共六中全會前後，上海公安高等專科學校原黨組書記、常務副校長鄭萬新被調查後迅速被逮捕。高等公安專科學校校長職務由公安局長兼任，鄭萬新一度是吳志明的副手。

習近平、王岐山選在中共六中全會及兩會這兩個重要時局節點，先後拿下吳志明的兩個副手，不僅直接釋放震懾「上海幫」的信號，也將「打虎」目標指向吳志明。

3 月 22 日，《中國新聞周刊》發文披露，陳旭涉嫌「參與非法組織活動」，上海政法系統有逾百人涉陳旭案而被調查。這意味著江澤民侄子吳志明經營十多年的上海政法系統正被清洗。

江澤民處境不妙信號頻傳

不僅其父輩、子侄輩及孫輩的利益地盤被密集清洗，兩會期間，江澤民本身處境不妙的信號也頻頻傳出。

2017 年 3 月 13 日，參加兩會的中共政協委員、江澤民的堂妹江澤慧被記者兩度問及江澤民的健康問題，但其都予迴避，不回應。而在 2015 年 3 月 13 日，亦曾有媒體問到其堂兄的身體狀況，江澤慧六次回應稱「很好」。

3 月 7 日，中共全國人大代表、中科院院士崔向群在江蘇代表團發言，讀稿時讀到江澤民當年力主在上海黃浦江引資建橋等。但說完這段話後，崔向群突然停下來，不停地翻找文件，許久才尷尬地稱「不好意思，文件打錯了」。

2016 年 3 月以來，江澤民父子被內控的消息不斷傳出。此次中共兩會上，江澤慧避談江澤民，崔向群提到江澤民後突然改口，這兩大徵兆或表明中共官場乃至江澤民家族均已意識到江澤民的處境岌岌可危。

另外，3 月 13 日，中共中央黨校主辦的《學習時報》刊登對「紅二代」孔丹的專訪。孔丹將中共建政後的六十多年歷史分為三個時期，暗中將習近平與毛澤東、鄧小平相提並論，完全忽略了江澤民。

避談江澤民健康問題的江澤慧處境也不妙。3 月 10 日，大陸《新京報》採訪江澤慧，引述她的話說這是其最後一年履職政協委員。江澤慧長期在林業系統任職。近年來，林業系統也已不斷被清洗。2015 年 11 月 19 日，《新京報》曝光江澤慧兼有十個頭銜，其中六個與林業有關。

習圍剿江澤民家族 釋多重震懾信號

習陣營上述密集清洗動作選在兩會敏感期及香港特首選舉前夕，涉及江澤民家族的政商利益圈與私家政法系統勢力，指向江澤民家族祖孫四代幾乎所有關鍵成員，向外界釋放全面圍剿江澤民家族的信號。

習陣營此舉既極大震懾了香港江派勢力，影響特首選舉選情；也為深度清洗上海幫高官埋下伏筆，已去職的上海市長楊雄與現任上海書記韓正等上海高官與江澤民家族關聯密切，其仕途命運將取決於江澤民家族被清洗的進程和力度。

不僅如此，對江澤民家族的清洗行動還直接攸關十九大的人事安排及十九大前後的重大政治決策與政局走向。十九大上，政治局常委人數、人選乃至常委制度是否廢除，是否設立接班人問題，習近平五年後繼續留任等問題，業已不斷傳出各種風聲。這些問題的最終落實，取決於習江兩派的博弈態勢。

習近平唯有強勢圍剿江澤民家族，「擒賊先擒王」，才能極大震懾江澤民集團，先行防範它們的反撲，也才能確保按自己的意志主導十九大平穩換屆和後續政局走向。

習陣營對江澤民家族多個政商利益地盤清洗行動的突破，也意味著江家族的貪腐證據已被切實掌握或將被進一步挖掘；「開弓沒有回頭箭」，後續清洗行動應該已在布署之中。中共十九大前夕，習王或掀新一波「打虎」高潮。

第二節

胡溫高調現身
四股力量圍剿江澤民

在江澤民無法現身「闢謠」之際，習陣營元老胡錦濤、溫家寶接連高調參加活動，反襯江澤民處境不妙。（新紀元合成圖）

「4．25」與「5．13」前後 習密集清洗政法系統

2017 年 5 月 13 日前後，逾萬名來自世界各地 53 個國家的、不同民族不同背景的法輪功學員代表匯聚美國紐約市，一起慶祝第 18 屆法輪大法日暨法輪大法洪傳世界 25 周年。另外在世界各地，法輪功學員也舉辦了各種慶祝活動；多國政要發來賀信和褒獎。

「5．13」前夕，大陸官媒報導，中共政法委書記孟建柱在政法委會議上表示「堅決清除政法系統的害群之馬」，「要以巡視整改為契機，全面深化司法體制改革」。

此前的 5 月 3 日，習近平到中國政法大學考察，強調「依法治國是歷史任務」。4 月 25 日，習近平召開政治局會議，審議政法系統巡視專題報告；習近平要求政法單位要維護「習核心」的中央權威，深化司法體制改革等。

「5．13」之前的「4．25」也是一個與法輪功有關的敏感日。

1999 年 4 月 25 日，逾萬名法輪功學員到北京的國務院信訪辦公室上訪，要求當局釋放被天津警察暴力抓捕的 45 名法輪功學員，同時要求當局允許法輪功的書籍合法出版，並給予法輪功修煉民眾一個合法的煉功環境。超過萬名上訪的法輪功學員安靜祥和，秩序井然，沒有標語、沒有口號。此舉被外界讚歎為中國大陸史上「規模最大、最理性和平的上訪」。

但「4．25」之後不到三個月，中共前黨魁江澤民一意孤行發動對法輪功學員的全面鎮壓，迫害持續至今仍未停止。而中共政法系統是江澤民集團迫害法輪功的主要機構。

2017 年「4．25」與「5．13」敏感日前後，習近平連續做出敏感動作，釋放清洗政法系統的信號。

習近平召開政治局會議之後兩天，4 月 27 日，中共最高檢察院與最高法院人事密集調整。最高法兩名副院長外調，最高檢察院副檢察長「兩出一進」。「5．13」前夕，中共公安部「打虎」及人事地震消息接連傳出。5 月 8 日，有消息說，中共中央委員、公安部前常務副部長楊煥寧被抓；5 月 10 日，習近平親信舊部、公安部副部長兼北京市副市長、市公安局長王小洪在公安部領導層中排名由第九躍升至第四。

跡象顯示，習近平加速清洗政法系統與公安部的同時，提拔親信人馬接管公安部高層職位。

川普就人權與宗教自由問題表態

5月13日當天，美國總統川普在弗吉尼亞州自由大學（Liberty Uniersity，又譯利伯緹大學）發表演講，告訴該大學畢業生「永不放棄」。川普還談到美國宗教自由的未來。

川普說：「華盛頓由一個小團體經營，他們擁有失敗的價值觀，但認為自己知道一切。我們不需要一個華府導師如何帶領我們生活。我們不崇拜華府。我們崇拜神。」

川普的講話集中在畢業生的未來，在某種程度上集中在美國宗教自由的未來。川普說：「只要我是你們的總統，沒有人會阻止你的信仰。」

2017年4月20日，川普意外承諾大力支持旨在打擊全球人權侵犯者的《全球馬格尼茨基人權問責法》，他在給國會的信中表示，本屆政府正在積極確認人權侵犯者，並在蒐集相關證據以進行追責。他同時提交了一份該法落實情況報告。

川普在信中表示：「正如報告所述，我的政府正積極辨識該法所實施的對象（侵犯人權者），包括個人和實體，並在蒐集必要的證據。在未來的幾個星期、幾個月，相關機構將開展全面的跨部門審查行動，以兌現我們向侵犯人權者和腐敗者追責的承諾。」

此前一天，4月19日，華盛頓DC法輪大法學會在美國國會瑞本（Rayburn）大樓舉辦「4·25和平上訪18周年國會研討會」。美國眾議院外交事務委員會人權小組委員會主席史密斯議員在信函中說，「當過去17年的歷史被書寫之時，對法輪功的系統性酷刑迫害和鎮壓，將被視為中國歷史上最大的恥辱之一。我們現在需要做的，就是共同結束這種恥辱。」

5 月 4 日，川普簽署了「宗教自由行政令」。川普在玫瑰園的國家祈禱日活動上對宗教領袖和白宮工作人員說，「信仰深深的嵌入了我們國家的歷史，我們建國的精神，我們國家的靈魂。我們將不再允許有信仰的人們被瞄準、被欺負或被噤聲。」

川普總統宣布，他的政府將讓美國在宗教自由的問題上「以身作則」。

5 月 2 日，由川普提名的駐華大使人選布蘭斯塔德（Terry Branstad）在國會參議院外交關係委員會接受聽證。他表示，雖然他與中國領導人保持良好的個人關係，這不代表他將迴避中國人權問題或其他應該向中共提出的問題。

布蘭斯塔德曾與習近平保持 30 年的外交和私人關係，因此被外界稱為習的老朋友。

川普及其政府團隊上述敏感言行發生在「4．25」與「5．13」敏感日前後，對欠下累累血債、犯有反人類罪、群體滅絕罪的中共江澤民集團的震懾效應可想而知。這些動作與習近平當局清洗政法系統的行動遙相呼應；川習二人的默契互動再度引人聯想。

川普勝選前後，曾頻頻抨擊中共獨裁政權；其團隊曾公開譴責中共活摘器官罪惡。大選前夕，川普陣營有人就中共活摘器官問題表態說：「一個群體從事器官摘取與殺人的行徑，是非常可怕和可惡的事情。一旦我們執政，我們必須提及此議題，並讓更多人知道這有多麼嚴重，因為當我們跟奧巴馬提這個問題時，他可能不在乎，但如果你向川普提這個問題，那個大門會更加敞開。」

川普與習近平4月6日、7日私下會晤5小時後，川普向媒體表示，二人在建立合作關係方面取得「巨大進展」。並表示他跟習近平建立的關係是「傑出的」，他盼望以後有很多機會在一起；「我相信許多可能非常惡劣的問題將消失。」

川普的言論給外界留下巨大懸念。而川習會後，二人在解決朝核危機問題的默契互動，以及川普關於人權與宗教自由問題的敏感表態，是否包括在川習會達成的祕密協議之中？謎底料將日益明朗。

法輪功學員無罪獲釋的消息頻傳

就在習當局釋放清洗政法系統信號的同時，再有大陸多地法輪功學員無罪獲釋的消息不斷傳出。

據明慧網4月份最新報導，大陸吉林、山東、黑龍江、遼寧、江蘇、四川、湖南、安徽等省份至少新增12位法輪功學員獲釋。

另據明慧網自2017年初至3月份期間的不完全統計，大陸至少有29位法輪功學員被釋放回家。

值得關注的是，報導的案例顯示，迫害法輪功最嚴重的省份如山東省、黑龍江省都是尚未被清洗的重要江派窩點；而較多法輪功學員被無罪釋放的省份如遼寧省與山西省都是官場已被深度清洗的江派窩點。這一現象也折射出習近平陣營與江澤民集團博弈背後的中國政局核心問題——迫害法輪功問題。

中共十九大前夕，習陣營加速清洗政法系統之際，多地區出現無罪釋放法輪功學員的現象，觸及江澤民集團迫害法輪功罪行這一死穴。這表明，中共江澤民集團對法輪功的迫害，已經走到了窮途末路，並面臨清算。

江澤民死去活來 網路熱傳病危消息

2017 年 5 月 8 日，港媒引述海外網路消息指，現年 91 歲的中共前黨魁江澤民目前病危，入住上海華山醫院。華山醫院附近一帶街道已經戒嚴，鄰近醫院的地區也實行交通管制措施，大批記者在醫院外守候。「華山醫院」更成為互聯網熱搜詞彙，後似遭到大陸網站封殺。

當時就有人分析，以江澤民的身份，絕對不可能進華山醫院，他生病了，最大的可能是送進軍隊系統醫院，從 301、309，並從全國各地把最好的專家叫來確診。說江澤民被送進華山醫院，只能是有人在放風。

當天，微信上又瘋傳一條消息，「老江 9:02 分走了。消息還在封閉，留意今晚的《新聞聯播》。」但當晚的《新聞聯播》並沒有任何相關消息。5 月 9 日，又有人傳看當晚的《新聞聯播》，結果仍沒有江的消息。

5 月 9 日，台灣國防部前副部長林中斌在私人臉書發帖稱：「據多重來源指出，江澤民半身癱瘓已有數天。昨日（5 月 8 日）一度過去，但被急救回來。所餘時間應已不久。」

5 月 10 日，上海市實驗學校官方公眾號發布消息稱，5 月 10 日該校舉行 30 周年校慶活動，江澤民致電祝賀。該消息在江死訊頻傳的時候傳出，然而，喜歡作秀的江連照片也沒有了。

眾多網民也看出異常，稱江「被間接露面」；質疑道，江澤民還沒死的消息，已經淪落到只能靠其老巢地盤上的學校來「露臉」闢謠；江家族經營那麼多年的上海攤，居然找不到一家媒體來幫其發聲。

一周前，香港某雜誌 5 月號最新披露，在上海寫回憶錄的江澤民於 4 月 17 日傍晚散步時再次中風，經隨行的保健醫生急救後被送往華東醫院搶救脫險，但下身癱瘓。

近幾年，有關江澤民病危的傳言不斷，如中共十八大前的 2011 年 7 月，外媒及港媒也曾傳出江澤民的死訊。該消息見諸報端後，大陸各地民眾持續放鞭炮、煙花慶賀江澤民的死亡。民意對江澤民的唾棄由此可見。

就在江澤民死去活來之際，5 月 10 日晚，中共官媒新華社發通稿稱，中共前副總理、外交部長錢其琛 9 日晚死於上海華山醫院，終年 90 歲，但事後又改稱錢其琛在北京去世。官媒烏龍事件引發外界聯想，網民戲稱錢其琛被「分屍」。

錢其琛是江澤民的心腹，他任中共外交部長、中共副總理期間，正是江澤民當政時期。錢其琛病亡消息傳出後，當年其夥同江澤民與俄羅斯簽訂賣國條約、鎮壓「六四」運動、迫害法輪功、力推香港 23 條等醜聞被外媒大量曝光。

江澤民死訊頻傳之際，比其還小一歲的心腹錢其琛被官方證實病亡，而去世地點又鬧出烏龍，詭異莫名。

胡溫高調現身 反襯江澤民處境不妙

就在江澤民無法現身「闢謠」之際，習陣營元老胡錦濤、溫家寶接連高調參加活動。

2017 年 5 月 11 日，胡錦濤與習近平、李克強等現任七常委到八寶山公墓送別去世的中共前人大副委員長布赫；大多官媒的報導標題中突顯了習近平和胡錦濤。

此前，3 月 28 日，習近平等七常委和胡錦濤參加中共政協前副主席萬國權的告別儀式。官方報導中，中共退休常委唯有胡錦濤露面。

3 月 16 日，已故中共總書記胡耀邦夫人李昭的遺體告別儀式在八寶山舉行，習近平和胡錦濤等人曾親自到場。

另外，胡錦濤的兒子、浙江省嘉興市長胡海峰也在官媒頻繁露面。5 月 9 日，作為嘉興市長的胡海峰帶 100 多名當地官員旁聽了一起「民告官」案件，胡海峰強調「依法行政」，呼應習近平過去的講話。

5 月 8 日，陸媒報導，5 月 5 日是嘉興市領導幹部的「軍事日」，胡海峰當天率領市領導徒步行軍 8 公里。敏感期，一向低調的胡海峰連續高調露面頗不尋常，也展示了胡、習政治聯盟。

5 月 11 日，科學網發表前國務院總理溫家寶寫於當天的追憶數學家吳文俊的文章。溫家寶在信中透露自己近況，包括 5 月 11 日上午趕到八寶山殯儀館，最後送別吳文俊等。

此前，習針對政法系統連番動作之際，溫家寶 4 月 24 日至 27 日在山西呂梁現身，連待四天，為學生作了四場講座；大陸媒體對此高調報導。

十八大前夕，胡錦濤、溫家寶、習近平、李克強等人聯手拿下薄熙來、周永康等江派國級「大老虎」。胡、溫退休後多次在習江鬥關鍵時刻露面，釋放挺習信號。此次十九大前夕，「5．13」敏感期，習江生死博弈尖峰時刻，胡、溫高調現身，不僅展示與習的政治聯盟，也與江澤民無法現身「闢謠」形成鮮明對比，更佐證了江澤民病危乃至被內控的可能性。

四股力量清算江澤民

2015 年 8 月 7 日，《三種力量開啟清算江澤民的行動》分析了三種政局和天象變化，彰顯直接針對江澤民的清算行動已經展開。

其一，習近平當局公開點名或影射，密集釋放針對江澤民的信號。其二，不到三個月，逾 12 萬法輪功學員控告江澤民。其三，2015 年七個國級高官密集去世，死神逼近江澤民。

時至今日，習近平、王岐山「打虎」逼近上海幫與江澤民家族的跡象已越來越明顯；逾 20 萬法輪功學員控告江澤民，並獲國際社會熱烈響應、聲援；江澤民再傳病危消息，比他小一歲的心腹、副國級高官錢其琛先行病亡，預兆死神離江澤民不遠。

不僅如此，2016 年美國政治變局，川普及其團隊在勝選總統前後，公開抨擊中共獨裁政權，譴責中共活摘器官罪惡。2017 年，法輪功學員「4．25」中南海和平上訪 18 周年紀念日，與「5．13」法輪大法敏感日前後，川普就人權與宗教自由問題敏感表態，與習近平清洗政法系統的動作相呼應。以川普為代表的美國政府及西方國際社會已成為清算江澤民的第四種力量。

海內外聯手清算江澤民活摘器官等反人類罪、迫害法輪功等群體滅絕罪的態勢正在形成。江澤民死劫難逃，其被清算的過程也將是中國大變局的過程；這一時刻正在逼近。

第三節

上海點名六貪官
皆與江家有關聯

上海紀委特別在報告中點名與江家人有關聯的「六小虎」，值得關注的是，這六人都與江家存在著關聯。圖為江澤民父子。（新紀元合成圖）

據大陸公眾號「政事兒」2017 年 5 月 15 日文章披露，15 日，上海《解放日報》刊發的上海市紀委在中共上海市第 11 次代表大會上作的工作報告中，提到了過去五年上海的反腐成績：共對 117 個違紀問題、155 人實施責任追究，涉及 53 名局級幹部、54 名處級幹部。報告中還特別點出了六名落馬廳局級官員的名字：上海市政府原副祕書長戴海波、市經濟信息化委原主任李耀新、寶山區原區委書記姜燮富、市電力公司原總經理馮軍、光明食品（集團）有限公司原董事長王宗南、上海物資貿易股份有限公司原總經理成冠俊。

為何要特意點出這六隻「小虎」？值得關注的是，這六人都與江家存在著關聯。

戴海波涉江綿恆

2017 年 3 月以受賄罪、隱瞞境外存款罪受審的戴海波，長期受到其前妻舉報，而其任自貿區常務副主任，是由上海市委書記韓正點名、推薦和任命的。其此前擔任上海市張江高科技園區開發公司、上海張江（集團）有限公司總經理，上海張江積體電路產業區開發有限公司董事長時，與江澤民長子江綿恆存在關聯，後者以中科院上海分院的名義、以其通信產業的名義在張江高科技占有不少企業股份，尤其科技園的兩家企業上海致達信息產業股份有限公司、上海八六三信息安全產業基地有限公司，因涉及國家安全，需要特許經營，背後極有可能涉及從事電信、軍工的江綿恆。

此外，2014 年上海紀委查處了六名因涉及土地流轉和利益輸送問題的官員，其中五人是戴海波在南匯區任書記時的下屬。其與負責全市土地、拆遷、規劃、建築總協調工作的上海市城鄉建設和交通管理委員會局級巡視員、江澤民次子江綿康，也無法排除關聯。

李耀新涉及江綿恆

2013 年繼任戴海波任上海市經信委主任的李耀新，曾去黑龍江任職 3 年，2008 年回上海後，歷任上海市發改委副主任、上海市長寧區區長等，2017 年 1 月因涉嫌受賄被立案偵查。其落馬應與其 2009 年至 2013 年在長寧區、2013 年後任經信委主任有關。

上海市經信委，是上海市政府的組成部門之一，是針對上海的國民經濟信息化的發展制定行政法規、法律、規章、方針和政策的行政機構，權力不可謂不大。其與上海市委、市政府的交集自然不少。

2015 年大陸媒體曾報導，當年年初突然失蹤的上海貝爾公司人力資源總監賈立甯的屍體已被找到，其正式被確認死亡。消息人士披露，賈立寧失聯前曾在某國資系統內部的微信群裡舉報過上海貝爾多名高管貪腐、濫用職權等問題，舉報信中還涉及上海市經信委、上海武警部隊、上海交通銀行、國資委、中移動等部門的眾多貪腐黑幕。李耀新和其前任戴海波恐怕難以置身事外。

從戴海波、李耀新二人共同主編的《上海信息化年鑒 2013》以及《上海工業年鑒 2013》看，兩人的關係並不簡單，而戴海波與落馬的分管經信委的上海副市長、亦是江綿恆死黨的艾寶俊關係密切。

還需要關注的是，上海市經信委的前身之一上海市經委，曾在 1994 年，將其名下價值上億的公司「上海聯合投資公司」（簡稱上聯投）以幾百萬的低價賣給了江綿恆。此外，2014 年 5 月新任上海市經信委副主任的吳磊，乃是江派中共原人大委員長吳邦國幼子。上海市經信委與江家、江派關係不一般。

5 月上旬，上海儀電集團監事會主席、上海經信委前主任李耀新被公訴。外界早已盛傳，上海市經信委與江綿恆關係密切。江綿恆以上聯投作為個人事業的旗艦，坐鎮上海，要錢有錢，要權有權，做生意包賺不賠。

李耀新與已經落馬的江派官員，如戴海波、艾寶俊等關係密切。此外，李耀新與快鹿集團關係複雜。2016 年 3 月快鹿集團資金鍊斷裂後，李耀新被暫調入上海儀電任監事會主席，這絕非是對一個 60 後正廳級幹部的正常人事安排，當時這樣的安排應是出於有利於調查又不被外界關注的目的。

快鹿集團自 2016 年 3 月爆發兌付危機以來，兌付承諾不斷延後，令投資者的期待一次次落空。2016 年 9 月 13 日晚，官方對快鹿集團事件進行首次通報，將事件定性為涉嫌非法集資，並對快鹿系旗下金鹿財行與當天財富進行立案偵查。

姜樑富涉及吳邦國與江綿康

再看寶山區原區委書記姜樑富，早年與江派高官、時任上海副書記的吳邦國有諸多交集，並受其賞識，委以寶山區委書記。寶山區是上海重要的工業基地，一是這裡有中國最大的鋼鐵基地，二是有軍工路、張華濱和寶鋼三個大型的集裝箱碼頭，三是有 158 家大廠。

2000 年，姜樑富被調到新成立的上海市房屋土地資源管理局當一把手。該局被業內戲稱為「上海第一局」，因為他包攬了上海土地資源和房屋管理雙重大權。在此期間，他與江綿康發生交集並不令人奇怪，而他對賞識自己的吳邦國有所回饋也同樣不讓人奇怪。據香港媒體爆料，與江澤民家族一樣，吳邦國家族也在上海編織了龐大的利益關係網，其中吳邦國的弟弟吳邦勝涉足房地產和建築業兩大塊，身家雄厚。

馮軍涉及江綿恆曾慶紅親信

2017 年 3 月，上海市電力公司原總經理馮軍已因犯受賄罪、巨額財產來源不明罪被判處無期徒刑。據大陸財新網發文披露，馮軍落馬三小時後就全部交代了受賄索賄行為，並供出上海兩大「老虎」戴海波與艾寶俊，牽出一批巨額行賄的江蘇企業。前文已經說過，戴海波與艾寶俊皆與江綿恆關係密切，二人都被指是江的親信。

除此而外，馮軍與曾慶紅的馬仔、國家電網公司董事長劉振亞也關係密切，雙方在電力系統交集不少。

王宗南涉及江澤民與陳良宇

2015 年 8 月，上海市友誼集團原總經理王宗南案宣判，王宗南挪用公款、受賄，一審被判處有期徒刑 18 年。

2006 年 8 月，王宗南擔任光明食品（集團）有限公司董事長，直至 2013 年 7 月。據此前媒體披露，王宗南曾是江澤民的嫡系、業已被判刑的上海市原市委書記陳良宇的「左膀右臂」，與江家關係密切。其先後掌控的上海友誼集團、聯華超市、百聯集團、光明食品集團均涉房地產，而背後閃現的是江的兩個兒子江綿恆、江綿康的影子，尤其是身為上海建設委員會的巡視員、上海城市發展信息研究中心主任的江綿康。

此外，王宗南也與江澤民有直接關聯。資料顯示，光明集團在 2006 年進行整合前，是上海益民食品廠的一個分廠，江澤民曾經任第一副廠長。在中共《廉政瞭望》雜誌「起底光明原董事長王宗南：政商界人脈深厚」的文章中，稱這位紅頂商人是「大案要案的突破口」。

成冠俊涉及王宗南

2016 年 3 月 23 日，上海物資貿易股份有限公司原總經理成冠俊被宣布調查。截至目前，官方沒有披露案件進展情況。

上海物貿公司前身系國有企業上海物資貿易中心，1993 年改為股份有限公司，1994 年上市，其經營範圍涉及金屬材料、礦產品、化輕原料、建材、木材、汽車及配件、機電設備、燃料、五金交電、針紡織品、進出口貿易業務等熱門領域。其控股大股東上海百聯集團由上海國資委主管。

從其範圍如此廣大的生意範圍看，作為高管的成冠俊被查並不冤枉，或許與一件事有關聯。2015 年 11 月 30 日晚，上海物貿公司突然發布公告稱，公司存放於山西明邁特倉庫的鉻礦帳面記錄 57.25 萬噸，最後只剩下了約 24 萬噸，憑空消失了 33 萬多噸，存貨損失約 5 億元。公告還稱，公司業務部門是在 30 日當天進行日常存貨檢查時才發現該礦是突然被山西明邁特挪為已用。然而，這不是上海物貿公司第一次因為山西明邁特要計提損失。如此管理能力很讓人驚駭，這其中有什麼貓膩？

值得注意的是，上海物貿公司的控股股東上海百聯集團的第一任總裁，正是光明集團原董事長王宗南。公開報導也顯示，王宗南與先後任上海物貿公司副總經理、總經理的成冠俊存在不少交集。成冠俊的被查除了與存貨失蹤案有關外，或許也與王宗南及其背後的江家人有某種關聯。

可以肯定的說，上海紀委特別在報告中點名與江家人有關聯的「六小虎」，並非無心之舉，其用意一是在總結過去的「打虎」，尤其是打擊江派官員的戰績，昭示下一步「打虎」的方向。

第八章

江派政法系給習添亂

郭文貴在海外反習網站頻頻出鏡攪局，配合國內江係反撲習王的反腐步驟，曾慶紅拋出反水馬仔傅政華，為江派公安部長郭聲琨頂缸。兩高江系殘餘院長周強和曹建明也陰險出手捆綁習近平。十九大前，習當局清掃政法系江派餘孽，成為重中之重。

中共十九大前夕，習陣營與江澤民集團圍繞政法系統展開激烈博弈，再度折射出習、江鬥背後的中國政局核心——迫害法輪功問題。（Getty Images）

第一節

郭文貴爆傅政華黑幕
替郭聲琨頂缸

政法系統面臨被清洗之際，郭文貴跳出來揭發傅政華（圖），試圖轉移視線，讓傅替公安部長、曾慶紅表外甥郭聲琨頂缸。（新紀元資料室）

2017 年 1 月 26 日，肖建華在香港被帶走幾小時後，一直藏身美國的政泉控股控制人郭文貴突然現身，接受中文電視的採訪，直播爆料中共高層貪腐黑幕。

外界評論說，經常替江澤民派系發聲的明鏡系列，這次電視採訪因涉嫌謀殺一位日本人而遭官方通緝的郭文貴，並不意外，因為郭文貴一直在替江派發聲。意外的是，過去經常血口噴人、滿嘴跑火車、謊言連篇的郭文貴，這次不但衣冠楚楚、彬彬有禮，而且好像句句說的都是「實話」，不少人被他矇住了，沒有看清安排這次採訪的真實目的。

郭文貴出生在山東農村，初中畢業外出打工，後創辦河南大老闆家具廠為他掙到第一桶金，接著在河南鄭州進入房地產業。

憑藉如簧之舌和高超手段，層層巴結政客，最終殺入首都北京發展。在胡潤百富中國富豪榜中，2013 年郭文貴以個人資產 58 億元人民幣位列第323名，2014年以個人資產155億元升至第74位。

郭曝傅政華：兩邊通吃 野心勃勃

藏身美國、被財新網稱為「權力獵手」的富商郭文貴，在接受採訪的同時在網絡上進行了直播，曝出他與北大方正前 CEO 李友的爭鬥內幕，以及中共公安部常務副部長傅政華大肆貪腐及「兩頭吃」的黑幕。

郭文貴稱，北大方正集團是一些中共高層家族的錢袋子，郭表示要曝光至少四個李友背後的中共高層官員，包括中共前任和現任政治局常委、委員，並稱令計劃、谷麗萍只是「小靠山」。不過他這次只曝光了傅政華，其他留到以後。

2014 年下半年開始，郭文貴與李友，為了爭奪方正證券的控制權，展開了鬧劇般的互相「舉報」，其中李友舉報了國安部副部長馬建利用職權為郭文貴謀利之事。2015 年初，李友等人被帶走「協助調查」。2016 年 11 月 25 日，大連中級法院一審認定李友犯內幕交易罪，妨害公務罪和隱匿會計憑證、會計帳簿、財務會計報告罪，數罪並罰，加上李友的舉報有功，最後輕判有期徒刑四年六個月，並處罰金人民幣 7.502 億元；違法所得予以沒收，上繳國庫。對此，郭文貴非常不滿，一口咬定大連法庭和北京專案組貪贓枉法。

郭文貴說，此前為了爭奪方正證券的控制權，他與李友有過激烈爭鬥。郭找到傅政華求助，李友則搬出一名中共退休常委和一名現任常委的家人。

郭在直播中稱，傅政華捲入他和李友的爭鬥後，兩邊都有收錢，「吃了原告吃被告」，卻「拿錢不辦事」。傅政華兩邊通吃，為了掩蓋自己的罪行，不僅抓捕了李友，還抓捕了郭文貴在國內的 8 名家人及公司 30 多名高管。郭文貴在採訪中，詳細描述了傅政華如何無視法律，指揮專案組人員對被抓的政泉控股的員工實施酷刑折磨、性騷擾等。

郭文貴還稱傅政華是個邪惡之人，幹了很多壞事。其弟弟是其金主代表，被稱為傅老三，在北京極為狂妄，與傅政華合夥，想抓誰、想撈誰都是一句話。傅政華的胞弟還包養了多個情婦，有上百億元人民幣的黑錢，非常囂張。

傅政華除了接受郭文貴在國內的賄賂，還企圖在海外索要5000萬美元。郭文貴還替馬建辯護，稱自己非常尊敬馬建副部長，還說有消息稱馬建有 6 個情婦等，都是誣陷，並說馬建身體不好，不可能有那麼多情婦等等。

郭文貴還表示，傅政華有野心，其企圖在十九大當公安部長或政法委書記。傅政華曾跟郭說：「未來五到十年是我的天下」。郭還透露，之前國內大量律師被抓並遭受迫害的「709」事件是傅政華一手策劃的。

傅政華心黑手辣 太多人想他死

2017 年 2 月 2 日，親江派的中文網站報導了神祕人物在微信朋友圈的發文，進一步披露被郭文貴曝光黑幕的中共公安部常務副部長傅政華「不過是馬仔中的馬仔，隨時會被扔在大街上，只是當年『3・19』（指令計劃兒子車禍事件）他處理有功，所謂有功就是保密工作做得好，因而才晉升。」

至於除掉「天上人間」夜總會，傅政華不過是執行命令。實際上太多人想置傅政華於死地，至於他的前途那就看他還有沒有利用價值，目前看來價值不大。文章還強調，「未來肯定有大老虎，刑上大夫一定會發生」。

此前《新紀元》周刊報導過，大凡替專制強權充當打手的惡吏，無論是武則天時代的酷吏，還是文革時代的造反派，或當代的周永康之流，嚴酷殺人者，必定下場悲慘。

傅政華是周永康的親信，曾出任中共江澤民集團鎮壓法輪功的專職機構——中央「610」辦公室主任。王立軍事件後，傅傅政華在周永康失勢後反水，把 2012 年「3・19」政變時周永康曾給他的一個祕密手令，交給了胡、習，才有官至正部的機會。有消息說，重慶事件後，傅政華檢舉了周永康的若干問題，不過因傅政華心黑手辣，背負累累血債，且江派背景極深，難獲習近平信任。

傅政華為人凶殘 比王立軍還危險

自由亞洲電台評論說，傅政華是個狠角色，是中共鎮壓機器中的一條惡犬。傅政華與王立軍雖有相似之處，但仕途有重要差別。王立軍早年走的是刑警的路子，而傅政華可以說完全是靠做政治迫害的打手起家。因此，傅政華比王立軍的政治嗅覺更靈敏，膽子也更大。

從郭文貴的爆料可以看到，傅政華並非北京政權的忠實鷹犬，而是這個政權最危險乃至最致命的病毒，他的基本路數就是藉中共政治迫害來謀私利，因此，他不僅不希望減少這個政權的敵人，反而是不斷製造更多敵人和仇恨，以此來綁架當權者，增加自己的謀私機會。

文章說，傅政華作為中共政治迫害的職業打手，從鎮壓法輪功起家，後又成為各種維權人士最凶殘的對頭。他一路升遷的過程中，官場越來越腐敗，這不僅讓傅政華這樣的人勢力越來越大，而且膽子也越來越大，更重要的是，他有了介入高層政治、進入權力中心的機會。傅政華又將專攻對象擴大到了腰纏萬貫、有深厚權勢背景的人物和機構，讓更多人陷入恐懼當中。

文章說，習近平如果不處理傅政華，會給習帶來更大的政治威脅。傅政華案對中共的政治後果，可能會超過王立軍案。

郭曝料有因 公安部籌建反貪局

在近一個小時的訪談中，郭文貴介紹自己這次出來說話有三個目的：保命、保錢，而且還要報仇，不過他沒有講如何保命、保錢，只是講了對李友和傅政華的報仇。

郭文貴在視頻中多次提到「習近平總書記、王岐山書記、孟建柱書記」，認為傅政華的專案組、大連法庭都違背了「習近平總書記、王岐山書記、孟建柱書記」的指示，表面上在擁習，實際是在批習王的治下一片黑暗，他們對李友等人的判決、對馬建的抓捕，都是錯的，都應該重審。

人們不禁要問，為何郭文貴要選在此時曝出傅政華的黑幕？他的目的是什麼呢？

時事評論員周曉輝認為，這可能是郭文貴在知曉習近平將動刀公安部後，一方面欲藉此機會除掉坑害自己的傅政華，一方面向習陣營示好，通過曝料減輕自己的罪責。但無論如何，郭文貴的曝料客觀上為習近平在公安部「打虎」做了輿論鋪墊，不出意外的話，2017 年上半年公安部應該有「老虎」落馬。

《新紀元》周刊第 516 期刊文《習近平 2017 對公安部「動手術」》（2017/01/26）。517 期並獨家報導了封面故事「公安部出事了」的來自公安部高層消息說，習近平擬對公安部「動手術」，具體措施是在公安部內部籌建一個新的反貪局，最快在中共「兩會」前完成編制和劃撥預算。成立反貪局的用意是要清除公安部內部抵制執行習近平政策的勢力。據稱，在籌建反貪局時，遇到了不少的阻力，有四、五名新任命的副局長因不執行習近平的政策而被立即調離。

目前高層知道公安部內部貪腐非常嚴重，已不是中紀委的派駐紀檢組和組長鄧衛平所能處理得了的。鄧衛平是習近平的舊部，2015 年 3 月調入公安部任紀委書記併兼任督察長。自其調入公安部近兩年來，公安部並無任何現任高官落馬，由此可見，其所面臨的貪腐問題極為複雜和嚴重，且在內部所遇到的阻力非常大。

周永康殘餘控制的公安部，內部抵制習近平政策的高官絕非少數，2016 年的雷洋案、遼寧抓捕法輪功學員案、「709」律師被抓被酷刑折磨案等大案，引起輿論廣泛批評並明顯與習近平提出的「依法治國」理念背道而馳，而始作俑者都是公安部高官。上述消息人士亦透露，在 1 月 9 日公安部傳達學習中央紀委七次全會精神會議前後，公安部將有高官被拿下。

外界普遍分析將要落馬的就是傅政華。公安部網站的「部領導重要活動和講話」信息顯示，公安部副部長黃明 2016 年共有 27 次「重要活動」；而作為公安部常務副部長的傅政華僅有兩次「重要活動」，極不正常。1 月 9 日，公安部召開公安部黨委會議傳達學習中紀委七中全會精神，要求公安部深刻認識周永康野心家、陰謀家本質等。蹊蹺的是，作為公安部排名第二的常務副部長傅政華未出席該會議。由此看來，傅政華的落馬，只等公布時間了。

曾慶紅拋出傅政華 替郭聲琨頂缸

阿波羅網特約評論員龍嘯則認為，在習當局計畫著手清洗政法系統的敏感時刻，郭文貴突然跳出來揭發傅政華，可能是試圖製造輿論轉移視線，將傅政華拋出來替公安部長郭聲琨頂缸。大陸全國抓捕迫害維權律師，不可能是一個副部長能決定得了的。而郭聲琨被曝係曾慶紅表外甥，前不久剛剛結案的雷洋案，就是公安部和政法系統對抗習近平依法治國的典型例子。

2017 年 1 月 18 日，陳建剛律師發布了兩份《會見謝陽筆錄》，首次公開了會見「709」在案人謝陽律師的情況。謝陽在會見中說，他 2015 年 7 月 11 日凌晨被抓後，兩個警察在審訊謝陽時聲稱，謝陽加入的「人權律師團」微信聊天群，已被公安部定性為反黨反社會主義，希望謝陽能認清形勢。

在之後的酷刑折磨中，國保對謝陽說：「你的案子是天字第一號的案子，如果我們做錯了，你到北京去告我們，你以為我們這樣整你，北京不知道嗎？我們想怎樣整就怎樣整。」

阿波羅網據此獨家解讀，主導「709」大抓捕的可能是公安部長郭聲琨。

2015 年 7 月「709」事件爆發，公安開始大規模抓捕大陸維權律師。2016 年新年伊始，15 名被抓的律師被以「煽動顛覆國家政權罪」批捕，其中 14 人被關押在天津。編輯部在北京的「海外」親習黨媒多維網曾披露，黃興國是浙江人，是前江派政治局常委黃菊的侄子，而郭聲琨則被爆料是曾慶紅的遠房表外甥。

1 月底，海外多家中文媒體再次披露郭聲琨與趙樂際爭奪中組部長的敗北原因。知情人士透露，郭聲琨妻子的祖母是曾慶紅母親鄧六金的親妹妹。因此，曾慶紅想讓郭聲琨出任中組部長，但最後被習近平拒絕了。

《爭鳴》雜誌 2016 年 12 月號刊發署名子鳴的評論文章認為，中共政法、公安系又稱刀把子，從 1989 年鎮壓愛國民主運動後就一步步蛻變成權貴江系集團的家丁護衛，是江系長期重點精心經營布局的地盤，多年來罪孽深重，惡跡昭彰，已致天怒人怨，人神共憤。

文章指，中共十八大反腐以來，政法系雖然至今被捉拿下了周永康、周本順、李東生、馬建、張越等，但江派舊人還在。作為權貴嫡系的政法高官們對於十八大以來所發起的反腐運動從骨子裡是抵制的，他們結黨營私，宗派繁殖，蓄意製造社會動亂，是中國法治建設的最大路障。客觀上是軍隊之外對掀起反腐的新當政者的最大威脅。因此習近平當局接下來的反腐動向，將從槍桿子到刀把子。

1 月 25 日，就在郭文貴爆料的前一天，中共最高法院、最高檢察院突然發布了一個所謂「司法解釋」，列舉了 12 種罪狀。

這個《解釋》雖未直接提法輪功，但其所列舉的所謂罪狀都刻意與大陸法輪功學員講真相的情況相對應，明顯是有目的的構陷法輪功學員。

「兩高」迫不及待在相隔 16 年之後再次進行「司法解釋」有兩個主要原因。一個是「兩高」兩個院長周強和曹建明，有犯罪被抓的強烈恐懼感。另一個是，周曹看到和利用迫害法輪功與維持中共統治的相互關係。

這也算是江派控制的政法委系統，包括公安、法院、檢察院，集體對抗習陣營依法治國的一種抵制行動。由此看來，2012 年 12 月入京的郭聲琨，對近三年多來參與江派迫害民眾，具有不可推卸的責任。

郭文貴胡舒立背後是曾慶紅王岐山

讓郭文貴全世界抱得大名的，還是 2015 年 3 月爆發的郭文貴和財新傳媒老總胡舒立的紛爭。據《新紀元》周刊此前報導，郭文貴、胡舒立這場大戰的背後是王岐山和曾慶紅，被習王步步緊逼的「慶親王」，不得不讓其馬仔郭文貴跳出來瘋狂攪局，郭什麼都敢說，甚至明顯的假話也敢說。

比如郭文貴聲稱胡舒立與李友有私生子，後又稱胡舒立和王岐山有私生子。然而 2002 年時，年近 50 歲的胡舒立天天上班，從未有人見她懷孕與生子。郭文貴就是用這種下三濫的手法來攻擊對方名譽，混淆視聽。

郭文貴在 2015 年 3 月 29 日的聲明中說，他不認識落馬的北京前副市長劉志華，但第二天又對《南華早報》說，他是經過中央最高層領導認識的劉志華，而且承認是自己揭發劉志華的。據說那個中央最高層領導，就是江派二號人物曾慶紅，而具體幫郭文貴製造證據的，就是國安部的馬建。

這次郭文貴曝光他與李友、傅政華的恩怨，沒有說的是，他想以控股的民族證券「以小吃大」，拿下方正證券，複製的正是民族證券的得手過程，這次不必像 2006 年那樣設計偷拍，據郭文貴前助手曲龍舉報，國安部方面以「國家安全工作需要」為名，多次開具公函，要求相關單位配合將民族證券股權低價轉讓給郭文貴的政泉控股。

駭人聽聞的，不僅僅是數十億優良國有資產流失，還在於國安方面為此介入的單位包括了河北省政法委、河北省銀監局，石家莊商業銀行，北京市國資委、北京產權交易所、首都機場集團（民族證券的第一大股）、民航總局等等。

僅憑郭文貴一人能讓馬建如此驅動國安力量？郭文貴潛逃後在海外接受外媒採訪時曾說，坊間對其背後大佬是曾慶紅的說法是空穴來風，同時話鋒一轉，說自己和王岐山倒是舊交。與此同時，網上廣為流傳一張面部馬賽克的照片，以此暗示與郭文貴合影的是王岐山或王岐山董姓大祕，其實那人是位北大教授，但郭文貴就是擅長這樣製造混亂。

攪局高手郭文貴前途未卜

郭文貴的發家史，與其他依靠權力發家的富豪並無二致，簡而言之就是官商勾結四個字。郭文貴曾多次對身邊人說，「與官員打交道的費用占到生意成本的一半」。郭文貴的「大方」迷倒了一些政治大佬，他一手創立的政泉控股成了這些大佬的利益共用平台。

但是郭文貴也有與眾不同之處，他不但攀附權力，更善於操縱權力，駕馭官員。與官員交往時，郭多留了證據，必要時進行反制。郭文貴是國內極少數能將官員幹翻的商人，而且不僅一次，他屢次挾公權力、公信力為其所用，上演了多場公然的圍獵。比如設性賄賂局扳倒劉志華、奪回盤古大觀；聯同中紀委人員勒索戴相龍女婿車鋒，讓車鋒乖乖掏出 5 個億；舉報北大方正李友；曝光天價日本豪宅，扯出令計劃、李源潮等。

不過仔細研究郭文貴的套路，他在後期更多的是聽命於其後台老闆。比如這次電視直播訪談曝光傅政華的貪腐，其目的就是為馬建開脫，為郭聲琨解套，同時，這次的真話也是為下一次造謠攻擊做鋪墊的。

有分析指出，下次郭文貴要曝光的政治局常委，很可能就是李克強、溫家寶、習近平的姐夫之類的人，就如同巴拿馬文件那樣，把髒水潑出去，搞亂局勢，混淆視聽，對江派來說，也是對抗習陣營反腐的舉措之一。

郭文貴舉報傅政華有野心，但他沒有公諸外界的是，他自己的公司取名「政權」的同音字：政泉，目的就是掌控政權，而且他的盤古大觀放置在北京中軸線上，龍頭直衝中南海。在過去四年的行動中，人們看到了郭文貴扮演的角色，相信他會繼續撒潑打滾鬧下去，一直鬧到要麼其後台老闆垮台，要麼鬧到中共垮台：因為他手裡握有中共高官們見不得人的「核彈醜聞」。

上次與胡舒立一鬧，習陣營不得不馬上輕判周永康為無期徒刑，因為習陣營也不想讓高官醜聞真的被郭文貴公布於眾，如此看來，郭文貴今後「爆料」和唱戲的機會還會很多！

不過反過來看，郭文貴成了中共最害怕也最想除掉的人，那其自身安危也就懸於一線了。

第二節

郭文貴靠上了江澤民大祕賈廷安

從郭文貴的發跡軌跡和牛氣看，江澤民大祕賈廷安（圖）八九不離十是郭的「貴人」和幕後老闆。（大紀元資料室）

傳郭文貴靠上了賈廷安

據中共官媒2015年5月25日報導，北京市第一中級法院開庭審理北京市公安局交通管理局原局長宋建國受賄一案，案情重新牽出前期轟動一時的郭文貴及其「盤古大觀」。

大陸媒體《新京報》曾撰文稱，該報當年曝光盤古大觀的腐敗產業鏈時遭到打擊報復，一度受到對方的威脅。而今隨著宋建國案塵埃落定，盤古大觀的腐敗鏈條也已成為鐵板釘釘的事實。

2008年2月開始，盤古大觀LED螢幕從最初的設置，到相關部門要求拆除，到7月25日這短短的半年時間，盤古大觀由「壞」向「好」的方向發展，有人曾對此感嘆，盤古大觀每當到了「危險時刻」總會「化險為夷」，最後「平安著陸」。顯然，郭文貴的背後有著權貴的影子。

2015 年有多家大陸媒體大篇幅地揭祕「盤古大觀」等公司實際操控人郭文貴的發家史和過程，其中最引人注目的是他背後的一名中共高官賈延安。

隨著宋建國案的落定，郭文貴發家軌跡再度被媒體重新掀開，輿論風口直指傳聞背後的賈延安。這或許在很大程度上源自於其發家史與賈有牽扯不斷的關聯。

對於郭文貴這段在河南的發家史，有傳聞稱，郭文貴之所以能以這麼非同尋常的速度發家，完全是因為靠上了軍中「河南幫」重要人物賈延安。

據報導，雖然沒有直接的信息來支援郭文貴與賈延安的關係是否屬實，但值得注意的是，後來郭文貴控制的摩根投資、政泉置業分別在 2006 年在盤古大觀、2008 年的金泉廣場兩個地產項目中擊敗了首創置業和保利地產。對於熟悉中國政商情況的人來說，首創置業是北京市國資委所屬的特大型國有企業，保利地產則有中共解放軍總參背景，郭文貴能擊敗這兩個商業對手，如果沒有非常手段幾乎是不可能的事情。

時政評論員周曉輝分析認為，可以拿下北京最貴地塊，有軍方背景的企業為其注資，可以掀動北京市副市長，郭文貴的幕後「貴人」呼之欲出。或許，正是通過王有杰或者李長春，郭攀上了權傾一時的賈延安，並且得到了其鼎力相助。如果這個推斷是合理的，郭牛氣的原因就有了答案。

周曉輝認為，從郭文貴發跡軌跡和牛氣看，賈延安八九不離十是其「貴人」和幕後老闆，郭也很可能是賈的「白手套」。賈通過郭獲取巨額經濟利益，甚至將其變為自己政治博弈的棋子。

賈廷安於 1989 年 11 月任中共中央軍委主席祕書；1994 年任中共中央軍委辦公廳副主任兼軍委主席辦公室主任；2003 年 12 月起任中共中央軍委辦公廳主任，2007 年調任中共解放軍總政副主任至今。

據報導，賈廷安長期擔任江澤民的祕書，而賈並非軍人出身，其之所以能進入中共軍隊高層，完全是仰仗江澤民的權勢。一個只知逢迎拍馬的「家奴」，就此變身為共軍高級將領。

賈廷安是郭文貴的「貴人」

2015 年 1 月 11 日晚，消息人士牛淚發表博文《郭文貴背後是誰？能說出來的都不算事兒！》

牛淚稱，外界可以從郭文貴因為商業糾紛，能把分管奧運基建的北京市副市長劉志華輕易送進監獄，就知道這人有著什麼樣的能量與背景。

郭文貴的財富，集中體現在北京含金量最高的北四環中路附近的奧運地產板塊。在當年北京奧運會舉辦前，這裡的土地每天都在急劇升值，任何人只要能拿下這些項目，就意味著財富的爆炸式飆升。

牛淚稱，郭文貴在這些項目上賺了多少錢，無人可知。當然，郭文貴也不過是在前台代人執事的「白手套」，他在這些項目中獲得的收益，到底都分裝進了誰的口袋，外界也無從得知。但外界可以推測，郭文貴「要在北京這個魚龍混雜的地產碼頭強占一席，不管真假，都必須要有人在背後力挺，才能安穩賺錢，安度餘生。」

牛淚稱，不過好在郭文貴現在已經被弄了回去，這是很多人當時都沒料到的結局，只要能急審郭文貴，讓他吐口，所有這些祕密，都會成為後期引發震盪的絕殺武器。

牛淚最後還表示，在搞清郭文貴的背景後，再回過頭來看這次被策動的政泉控股和北大方正對壘，就能為文初四大關鍵問題找出答案。這恐怕不是一場簡單的商業糾紛，而是一場「連環殺」，相關布局可能在比十八大更早的數年前就已精心布下。現在，角力不過才剛剛開始。

牛淚的文章引發網民熱議郭文貴背後是誰。有網民跟帖表示，「2001 年申奧成功的。時間窗口已經非常清楚了。」有跟帖表示，牛淚文章影射郭文貴的背後是中共前黨魁江澤民。

賈廷安醜聞遭到舉報

中共原總後勤部基建營房部長張金昌在 2015 年第一期《炎黃春秋》上撰萬字長文《我認識的貪官王守業》，首度詳細公開已經落馬的原中共海軍副司令員王守業黑幕，暗指王當年能當上總後基建營房部長，是依靠河南老鄉、時任中共中央軍委辦公廳主任賈廷安。文章稱，王守業利用工作之便經常投機鑽營，在參加軍委常務會議討論營房有關議題時，利用拉老鄉關係接近和拉攏中央軍委領導的祕書 XX，從吃請開始，禮尚往來，然後打得火熱，親如兄弟。四個月後，XX 祕書竟以中央軍委領導辦公室的名義正式打電話給總後高層，要報王守業為營房部長。1996 年 1 月，軍委正式任命王守業為總後基建營房部長。

張金昌後來在一次與退下來的總後高層交談時當面問過：「當時我向你多次彙報過王守業道德敗壞、品質惡劣的問題，為什麼他還能當部長？」對方說：「你不知道，當時X辦打了電話的。」我說：「不就是XX祕書打的電話嗎？」他說：「他的電話當然是代表X辦的。」

根據海外的報導，文章中的祕書XX，就是賈廷安。X辦指的是江辦。《炎黃春秋》發表這篇文章後，原文被刪除，但消息已經被大量海內外媒體轉載報導。

第三節

有人在給習添亂？周強曹建明出毒招

中共最高法院院長周強（前）、最高檢察院檢察長曹建明（後）連出毒招，企圖在「709大抓捕」案與迫害法輪功問題上捆綁習當局。（Getty Images）

澳洲悉尼科技大學中國研究中心負責人馮崇義副教授，2017年4月被中國有關部門「邊控」，禁止其離開中國。持中國護照的馮崇義教授，在澳大利亞政治學者中，一直以來對中共採取批判態度，並十分關心近期中國發生的各種事情。他在天津、雲南等地旅行時，就已經被國安官員「約談」喝茶，結果在廣州準備離境回澳洲時，被告知不得離開。

這個問題的關鍵，恐怕不在於馮崇義教授的境遇，而是另有看點。中國總理李克強，正在澳大利亞和新西蘭訪問，澳大利亞政府原本準備在當周二將已經簽署多年的《中澳引渡條約》提交給國會討論通過，結果因馮崇義事件，不得不臨時暫停。

最近兩年，類似的事情不是第一次發生。2015 年，習近平訪問印度，他是中國有史以來第一個訪問印度的國家元首。然而就在他仍在新德里和印度領導人見面的時刻，新疆軍區 1000 多名「邊防軍」，跨越中印有爭議的邊界，向印度方面推進了一公里。經過印度媒體的大肆報導，習近平當然極為惱怒。

他從印度回國之後，立即對中共中央軍事委員會制度進行改革，成立軍事委員會指揮中心，免掉中國大批高階職業軍人的實際權力。其中影響最大的，是前軍委副主席郭伯雄。西藏軍區雖然屬於成都軍區管轄，但西藏阿里地區，即發生中國軍隊進入印度控制區的地點，卻是由蘭州軍區下轄的新疆軍區代管。於是，習近平在印度的尷尬，最後由從蘭州軍區發家的郭伯雄買單。

《中澳引渡條約》是中共政府近年的「外交成就」，尤其是「反腐永遠在路上」的政策，令中紀委不能容忍外逃官員和不法富豪輕易逃脫，和各國進行談判，作出了大幅度的實質讓步，才得以在引渡條約方面有所寸進。這次，引渡進展被「國安」官員輕易破了武功，是偶然的巧合還是中共內部某種鬥爭的延續，有待未來的觀察。

2017 年 4 月份，習近平將前往美國，與川普在弗羅里達進行雙邊「峰會」。這恐怕是習近平政府目前的頭號任務，中美雙方除了在區域政治經濟方面有各種合作之外，最大的問題將是中美貿易逆差。這是川普和習近平兩個人最大的議題，也是兩人未來兩年是否能夠繼續得到國內支持的關鍵項目。

對於習近平來說，不願意任何其他議題干擾和影響他的對美討價還價，可以從多個方面看出來，包括香港和台灣政策，都因此被習暫時擱置。但是，從香港和台灣發生的一些事件，也可以看出，中共內部各派勢力，未必會按照最高層意圖行事，包括香港特首選舉，以及台灣前民進黨黨工李明哲入境大陸被扣押，都十分令人懷疑。

馮崇義和李明哲，過去幾年都曾經前往中國大陸，他們的「政治」表現也並非 2017 年才發生轉變，而恰恰此時發生不合邏輯的事端，耐人尋味。

2016 年美國大選塵埃落定，北京正在屏住呼吸觀察川普動向的時刻，中國海軍突然在南海「捕獲」美軍無人潛艇。隨後一個月，中國海軍司令吳勝利被「退休」。看來 2017 年中共十九大將有繼續的惡鬥，這是基本肯定的。

在此不久，人們就看到最高法院院長周強和最高檢察檢察長曹建明對習陣營發出的毒招了。

周強曹建明連番攪局 兩會出毒招

中共十九大前夕，習陣營與江澤民集團圍繞政法系統展開激烈博弈，再度折射出習、江鬥背後的中國政局核心——迫害法輪功問題。

2017 年 3 月 12 日，中共兩會上，中共最高法院院長周強、最高檢察院檢察長曹建明在工作報告中特別提到「709 大抓捕」事件，都將「起訴、審結周世鋒、胡石根等顛覆國家政權案」作為「維護國家安全，特別是政權安全、制度安全」的首要政績。

然而對引發海內外輿論震動的雷洋案、賈敬龍案，兩高卻隻字未提，引發輿論抨擊浪潮。

2015 年 7 月，中共公安部在全國布署對大陸維權律師和維權人士的「709 大抓捕」震驚國際社會。「709 大抓捕」發生在2015 年中共北戴河會議前，而北戴河會議歷來是中共爭奪人事、權力的重要會議。在此前後，習近平陣營與江澤民集團博弈空前激烈。

從 2015 年 5 月開始，習當局實行「有案必立、有訴必理」立案登記制，引發「訴江」大潮（控告江澤民）。到 2015 年 7 月 2 日，「訴江」人數超過 4.3 萬人；到 7 月 9 日，「訴江」人數超過 6 萬人；到 7 月 30 日，「訴江」人數超過 12 萬人。截至2016 年下半年，「訴江」人數已達約 21 萬人。

同年5月28日、6月15至19日、6月底至7月上旬、7月下旬，大陸 A 股接連四度暴跌。大陸股災隨後被披露是江澤民集團針對習近平發動的「經濟政變」。7月底，傳出江澤民集團企圖發動「北戴河政變」的消息。8 月 12 日更發生了震驚世界的天津特大爆炸案，當時就有消息指這是江澤民集團針對習近平等參加北戴河會議的中共高層進行的一次未遂暗殺。

期間，7 月上旬，上百位中國大陸的律師、民間維權人士、上訪民眾及律師和維權人士之親屬，突然遭到中共公安大規模逮捕、傳喚、刑事拘留，部分人士則下落不明，涉及省份多達 23個，其中包括不少曾為法輪功學員作無罪辯護的律師。有消息稱，「709 大抓捕」是中共公安部天字號第一案。

中共公安系統發動的「709 大抓捕」，很可能是江澤民集團「經濟政變」、「北戴河政變」、天津特大爆炸等系列反撲行動中的環節之一。

從中共公安部發動「709 大抓捕」，再到最高法院院長周強與最高檢察院檢察長曹建明在中共兩會上將「709 大抓捕」定性為「維護國家安全，特別是政權安全、制度安全」的首要政績，中共政法系統通過人大審議工作報告的方式，將「709 大抓捕」同中共政權捆綁在一起，赤裸裸地展示中共獨裁統治真面目。

中共政法系統長期被江澤民集團操控。十八大以來，習近平大力清洗武警系統，但公安部、法院與檢察院系統尚未被深度清洗。

十九大前夕，習、江生死博弈之際，江派操控政法系統將兩年前蓄意發動的「709 大抓捕」這個黑鍋扣給習當局。

如果結合周強、曹建明的異常表現，可以發現，中共政法系統高調定性「709 大抓捕」案，很可能是十九大前夕，江澤民集團以中共政權捆綁習近平當局的連環布署中的關鍵一步。

2017 年 1 月 14 日，周強參加全國高院院長座談會，揚言「要敢於向西方『憲政民主』、『三權分立』、『司法獨立』等錯誤思潮亮劍」；中共央視還報導稱，最高法院要求，要深化反「X 教」鬥爭，加大對「X 教組織」犯罪的懲處力度，防止「X 教」成為影響政治安全的突出因素等。

江派常委劉雲山操控的文宣系統大肆炒作周強抵制「司法獨立」等言論，正值習近平 2017 年首次出訪之際。周強的講話引外界強烈反彈，國際輿論關注。中國知識界與律師界均聯署要求周強立即引咎辭職。

1 月 25 日，中共最高法院、最高檢察院發布《關於辦理組織、利用 X 教組織破壞法律實施等刑事案件適用法律若干問題的解釋》。中共兩高《解釋》中未明確提到 X 教名單，但其所列舉的判刑情形，都與法輪功學員在大陸講清法輪功遭迫害真相情形對應，明顯將打壓矛頭指向法輪功學員。

中共江澤民集團活摘法輪功學員器官，這件人神共憤的罪行也已在國際曝光逾十年。江派人馬操控的中共最高法院、最高檢察院發布《解釋》，在迫害法輪功問題上捆綁習近平當局，再次突顯中國政局的核心是迫害法輪功問題，也洩露江澤民集團面臨終極清算之際的末日恐慌心理與垂死反撲企圖。

第四節

習近平、王岐山
九大動作清洗政法系統

江澤民侄子吳志明（左）的兩個副手鄭萬新（中）及陳旭（右）先後被查處，吳經營十多年的上海政法系統正被清洗。（新紀元合成圖）

針對周強、曹建明為代表的江派政法系統的攪局、反撲，習陣營迅速展開清洗行動。從 2017 年 2 月初至 3 月初，大陸多省市政法系統發生了人事變動。

從 2017 年 2 月 26 日至 3 月 4 日的一周內，江派窩點雲南、海南、山西、新疆 4 省的公安廳長一把手被替換。7 省的公安廳正副廳長共 9 人被免職，還有 13 位正副廳長、黨委書記履新。與此同時，中共監察部、最高檢察院及數省的司法、檢察官員也有人事變動。與已經落馬的前政法委書記周永康沒有工作交集，成為近期地方政法系統新官員的一個特徵。

周強、曹建明在兩會上出毒招，將「709 大抓捕」這個黑鍋扣給習當局之後，習當局在兩會後密集查處、審判政法系統高官，釋放強硬回擊信號。

1. 上海「政法王」吳志明的副手鄭萬新被起訴 陳旭案發酵

2017 年 3 月 22 日，《中國新聞周刊》發文披露，中共上海市檢察院原檢察長陳旭涉嫌「參與非法組織活動」，上海政法系統有逾百人涉陳旭案而被調查。

3 月 1 日，陳旭被「秒殺」，成為繼艾寶俊之後的上海「第二虎」。3 月 30 日，吳志明的另一副手、上海公安高等專科學校原黨委書記、常務副校長鄭萬新以涉嫌「貪污、受賄」等罪被起訴。意味著吳經營十多年的上海政法系統正被清洗。

2. 天津前公安局長武長順受審 涉案金額超過 5 億元

2017 年 3 月 29 日，天津市公安局前局長武長順貪腐案開庭審理，涉案金額超過 5 億元。武長順在天津公安系統混跡 44 年，歷任天津市公安局副局長、局長、天津市政法委副書記、天津市政協副主席，是周永康在政法系統的高級馬仔。2014 年 7 月 20 日，武長順落馬被調查。

據明慧網的不完全統計，武長順在天津公安系統任職期間至少有 51 位法輪功學員被迫害致死。武長順因此被海外「追查迫害法輪功國際組織」（簡稱「追查國際」）列入追查名單。

3. 重慶清除薄王遺毒 傳公安局長何挺被查

2017 年 4 月 3 日，港媒援引兩位消息人士報導，中共重慶副市長、公安局長何挺正接受調查。報導稱，五年前發生王立軍事件後，何挺接任重慶市公安局長，未料步上王立軍後塵。何挺落馬的消息震驚山城政界。

重慶知情人士對港媒透露，何挺是 3 月 31 日被中紀委帶走的。何挺自 2012 年 3 月從青海副省長兼公安廳長調重慶接替王立軍，就預兆其仕途凶險；因當時中共分管公安政法的常委是周永康，換言之何很大嫌疑是周欽點調重慶的。

值得關注的是，重慶引發海內外關注的「翻牆有罪」新規，來自於 3 月 27 日發布的「重慶市公安機關網路監管行政處罰裁量基準」修訂版。重慶公安局長何挺或是挑起該事件的罪魁禍首。

何挺大學畢業後長期在公安部工作，周永康任公安部長、中央政法委書記後，何挺仕途飛升，官居公安部刑偵局長，後外派甘肅、青海重用，直至轉赴重慶。

何挺因積極追隨中共江澤民集團迫害法輪功，多次被海外「追查國際」列入追查名單。

周永康倒台後，海外中文媒體曾報導，周永康向當局交代何挺向他行賄求官，送價值 3000 萬元人民幣的珠寶。

3 月 21 日，中共重慶市委常委會用一整天的時間召開落實中央巡視「回頭看」反饋意見專題民主生活會。重慶市委書記孫政才說，市委要與「習核心」思想上保持一致，維護「習核心」的權威；徹底清除「薄、王」思想遺毒，等等。這是重慶市委一個月內，兩次發表類似的講話。

2月11日，「回頭看」巡視組向重慶市委反饋的主要問題中包括清除「薄、王」遺毒不徹底。

陸媒3月16日披露，薄熙來主政重慶時期的「打黑幹將」、李莊案的公訴人、女檢察官么寧被證實已辭職。另外，中共重慶第一中級法院執行局前調研員、執行助理白萬禮（正處級）以「受賄罪」被判刑三年半。

2017年新年前後，薄熙來時期的「打黑」幹將、重慶市高院院長錢鋒，檢察院檢察長余敏先後離職。

4. 新疆前公安副廳長謝暉案內幕曝光

2017年3月23日，中紀委機關報《中國紀檢監察報》刊文，詳細曝光了新疆公安廳前副廳長謝暉的貪腐醜聞。在謝暉案中，新疆勞教、監獄系統共有7人被移送司法處理、42人受到處分。

謝暉擔任新疆勞教、監獄系統「一把手」達17年（1996年至2013年）之久，原勞教局和監獄管理局成了其「獨立王國」，謝暉大肆斂財以權謀私。2013年6月起，謝暉任新疆公安廳黨委委員、副廳長。2015年7月22日，謝暉被調查。謝暉落馬之前，2014年12月，新疆公安廳黨委委員李彥明也因受賄被查。

據海外明慧網報導，謝暉是新疆各勞教所、監獄迫害法輪功學員的主要責任人。在謝暉的指令下，新疆各地勞教所和監獄等對法輪功學員實施種種酷刑迫害。經民間調查核實，截至2011年，至少有45位法輪功學員在新疆被迫害致死。

謝暉因積極追隨中共江澤民集團迫害法輪功，被「追查國際」及明慧網列入涉嫌犯罪責任單位責任人名單。

2 月 26 日，新疆公安廳黨委書記與廳長被分別任命，形成罕見的「雙首長制」。同日，新疆有三位公安廳副廳長履新，其中兩人從來沒有公安工作的經驗。

5. 雲南政法系統大換血 國保總隊長劉黎波被調閒職

雲南官場被中央巡視組殺「回馬槍」之際，2017 年 3 月 23 日，官方通報多則官員任免通知，雲南政法系統包括政法委書記、公安廳「一把手」、國保總隊長等敏感職位相繼換人。

56 歲的劉黎波由雲南國保總隊總隊長調任雲南警官學院院長，實際權力縮水。劉黎波長期在雲南政法公安系統任職，曾任職過的麻栗坡縣、文山州、昭通市都是迫害法輪功的重災區。

劉黎波先前任總隊長的雲南國保機構作為中共迫害法輪功的主要部門，多次被「追查國際」列為涉嫌犯罪責任單位；雲南國保總隊副總隊長張奇與副隊長張德生等人多次被列為涉嫌犯罪責任人。

劉黎波與已被免職的雲南政法委書記孟蘇鐵有著長期的上下級關係。劉黎波作為雲南國保總隊總隊長，在雲南迫害法輪功罪行中負有不可推卸的責任。

雲南原政法委書記孟蘇鐵早在 2016 年 8 月中旬就被免職，當時他還未到退休年齡。據稱，孟蘇鐵落馬與中共前政法委書記周永康案及雲南前省委書記白恩培案有關。

孟蘇鐵長期在雲南政法系統任職，曾任雲南省檢察院副檢察長，省公安廳副廳長、廳長等職務，2006 年 11 月起任省委政法委書記。孟蘇鐵、白恩培都曾因迫害法輪功被「追查國際」列入追查名單。

6. 內蒙古前公安廳長趙黎平案進入死刑覆核程序

2017 年 3 月 29 日，大陸財新網報導，中共內蒙古自治區政協前副主席趙黎平因犯故意殺人、受賄、非法持有槍枝彈藥、非法儲存爆炸物四宗罪，但趙黎平始終不認罪。

2016 年 11 月 11 日，趙黎平一審被判處死刑，成為中共十八大後首個獲死刑不緩刑的落馬官員。2017 年 5 月 26 日被執行死刑。趙黎平在內蒙古公安系統浸淫 33 年，自 2005 年起擔任內蒙古自治區公安廳長，至 2012 年 7 月改任自治區政協副主席。

趙黎平是內蒙公安系統追隨江澤民、周永康迫害法輪功的主要責任人之一，多次在公開場合詆毀法輪功，在其治下，很多法輪功學員被非法勞教和遭受酷刑；因此趙黎平也在海外「追查國際」的追查名單上。

7. 遼寧前政法委書記蘇宏章受審

2017 年 3 月 27 日，中共前遼寧省委常委、政法委書記蘇宏章受賄、行賄案開庭審理。其被控受賄超 1996 萬元人民幣。蘇宏章被指控的罪狀中包括「賄選」。2016 年遼寧賄選案被大幅曝光，該案令中南海高層震怒。

遼寧是迫害法輪功最嚴重省份之一。薄熙來在大連和遼寧省任職期間，瘋狂迫害法輪功並涉嫌參與活摘法輪功學員器官的罪行。蘇宏章也跟隨中共江澤民集團迫害法輪功，被海外「追查國際」列為追查對象。「追查國際」曾多次對蘇宏章發出通告。

8. 廣東省前公安廳黨委副書記蔡廣遼獲刑 8 年

2017 年 3 月 27 日，中共廣東省委辦公廳前副主任、省公安廳前黨委副書記、武警少將蔡廣遼，以受賄近 500 萬元一審被判刑 8 年。蔡廣遼因具有軍、政雙重背景，曾備受外界關注。蔡廣遼第一次受審時表示認罪悔罪，並以有自首行為請求從輕判處。

廣東省是江派的一大窩點。江派大員李長春、張德江曾長期把持廣東官場。從簡歷看，蔡廣遼就是在李長春、張德江任廣東省委書記時被提拔。

3 月 13 日，廣東佛山市公安局前黨委副書記莫德富被調查。現年 64 歲的莫德富已退休四年，他長期任職於廣東政法系統。莫德富在佛山和順德任職期間，順德區警察綁架、迫害法輪功學員，海外「追查國際」2011 年 2 月 14 日發出通告，立案追查其主要領導責任。

9. 湖南、四川公安廳高官落馬

2017 年 4 月 1 日，湖南省公安廳禁毒總隊總隊長唐國棟被查。唐國棟長期在湖南政法系統任職，曾任湖南郴州市公安局長。

3 月 31 日，湖南懷化市靖州苗族侗族自治縣公安局副局長陳再安落馬。

湖南省官場是江澤民集團的一大窩點；江派「湖南幫」要員包括三任湖南省委書記張春賢、周強、徐守盛，以及曾任湖南政法委書記的周本順等人。

3 月 30 日，四川省公安廳原副廳級偵察員何宗志被開除黨籍並移送司法。2 月 23 日，已退休兩年的何宗志被調查。

現年 62 歲的何宗志在中共四川公安系統任職逾 36 年，曾任四川省公安廳交通管理局局長、資陽市公安局局長等職，2013 年 4 月任四川省公安廳副廳級偵察員。

大陸多地法輪功案撤訴、學員無罪釋放

中共政法系統是江澤民集團迫害法輪功的主要機構，也是江派政變陰謀中的關鍵勢力。就在中共政法高官被密集審判、查處之際，法輪功學員被無罪釋放的消息不斷傳出。

據明慧網報導，由於檢察院撤訴，天津市南開區法輪功學員張君近期被釋放回家。由於檢察院退卷，江蘇省鎮江句容市法輪功學員曲背香於 3 月 24 日被無罪釋放，平安回家。

3 月 13 日，廣東省揭東縣法院以證據不足，無罪釋放被非法關押八個多月的法輪功學員黃燕芝。3 月 15 日，河南省新鄉市輝縣市檢察院決定不起訴被非法綁架的法輪功學員侯貴花。3 月 18 日，明慧網報導河北廊坊文安縣檢察院拒絕批捕法輪功學員劉英杰。

此外，據明慧網統計，2 月有 16 位法輪功學員被公安、檢察院、法院無罪釋放。他們分別是：河北的巢冬梅、酒長迎，安徽的伍靜青、黃玉晴，遼寧的任平、紀麗君、李士棉、林有豔，四川的景歡、周小莉，江蘇的宣小妹，另外山西省有五位法輪功學員獲釋。

但是中共對法輪功的迫害仍在繼續。明慧網報導，2 月，中共非法綁架 255 位法輪功學員，其中 106 人被非法抄家，因控告江澤民被綁架的有 8 人，7 人在被迫害中含冤離世，有 72 人已經回家。綁架案涉及 24 個省市、自治區和直轄市。

迫害最嚴重的省份依次為：山東 35 人、河北 35 人、黑龍江 31 人、江蘇 23 人、四川 22 人。

值得關注的是，迫害法輪功最嚴重的省份如山東省、黑龍江省都是尚未被清洗的重要江派窩點；而較多法輪功學員被無罪釋放的省份如遼寧省與山西省都是當地官場已被深度清洗的江派窩點。這一現象也折射出習近平陣營與江澤民集團博弈背後的中國政局核心問題——迫害法輪功問題。

時政評論員謝天奇認為，時至今日，中共迫害法輪功學員的政策仍沒有改變，迫害仍在繼續，這是江澤民集團與中共這個邪惡的政權捆綁在一起造成的。但大陸多地區出現無罪釋放法輪功學員的現象說明，越來越多明白了真相的公檢法人員不願意再替中共背黑鍋，中共江澤民集團對法輪功的迫害，已經走到了窮途末路。

江澤民集團活摘器官等迫害法輪功罪行已在國際全面曝光。2015 年 5 月以來，逾 20 萬法輪功學員及家屬向中共最高法院與最高檢察院控告江澤民。

2017 年 3 月 28 日，「追查迫害法輪功國際組織」發布公告，對已經或計畫出國的迫害法輪功人員名單進行全面收集，並呼籲公眾舉報。此前，「追查國際」已對參與迫害法輪功的 7 萬 6132 位涉嫌犯罪者和 3 萬 5551 個責任單位進行立案追查。

時政評論員謝天奇表示，中共十九大前夕習陣營加速清洗政法系統，多地區出現無罪釋放法輪功學員的現象，觸及江澤民集團迫害法輪功罪行的死穴。這一敏感變化，與習陣營針對江澤民的「打虎」行動進展之間的關聯性令人關注。可預期的是，當江澤民集團的政法系統殘餘勢力被徹底清洗，迫害法輪功難以為繼之時，江澤民、曾慶紅等人被清算也就不遠了。

周強與曹建明處境不妙

中共政法系統面臨新一輪清洗之際，進行系列攪局動作的始作俑者周強與曹建明處境或許不妙。

曹建明是周永康的黨羽，早年被江澤民看中，並在江澤民集團迫害法輪功運動中，積極發表誹謗法輪功的言論而得以升遷，由學術界轉入政治圈；其第三任妻子王小丫被指是前央視台長李東生的性賄賂之作。周永康落馬後，曾傳出曹建明被查的消息。

周強與令計劃都曾在中共共青團中央任職，其後又在江派重要攪局窩點湖南主政。2016 年底，大陸法學教授賀衛方透露，周強未能進入政治局，與令計劃有關。周強任共青團中央書記處第一書記及主政湖南省期間，都曾布署迫害法輪功。

近年來，中共團中央及江派湖南窩點都成了習、王的重點清洗目標。

進入 2017 年十九大換屆之年，習、王「打虎」行動日益逼近江澤民、曾慶紅。江派勢力盤踞的政法系統與文宣系統聯手攪局，成為江澤民集團垂死反撲的最後依靠勢力。周強與曹建明的動作顯示他們已然成為江派此輪反撲行動的前台人物。

謝天奇認為，十九大換屆對於習近平而言也是生死攸關，在習、江博弈中已掌握壓倒性態勢的習陣營料將強勢清洗江派殘存的反撲勢力。周強與曹建明在跟隨江澤民這條不歸路上愈走愈遠，步薄熙來、周永康、李東生等人落馬後塵的可能性越來越大。

第九章

十九大前
王岐山被攻擊

2017 年 5 月下旬，離中共十九大的召開不到半年了。在博弈交戰近五年之後，江派已在被全面清洗之前垂死掙扎，於是人們看到郭文貴站出來藉舉報傳政華而攻擊王岐山，進而意圖離間習王的反腐聯盟。

在徹底清除金融大鱷之前，習近平將會力保王岐山不退休。（AFP）

第一節

王岐山妻妹房產及海航董事虛實

海航與江澤民和曾慶紅的關係匪淺。江澤民舊部劉劍鋒（上）是海航董事長陳峰（下）的靠山。（新紀元合成圖）

王岐山家人房產事件內情

2017 年 5 月 24 日，博訊網發表文章《王岐山小姨子在美國享受豪華生活》，直接攻擊王岐山的反腐只對外而不對自己家人。

郭文貴此前稱，王岐山一家在舊金山擁有豪宅，但未能提供出具體證據。《世界日報》翻閱了舊金山當地的不動產登記資料，結果發現王岐山的妻子姚明珊的妹妹姚明端於 1996 年購置了一棟房子，位於舊金山灣區 Saratoga（薩拉度加）一條叫「10 Acres Rd」的街上。屋主登記為 Suen Frank Fung Shan 與 Yao, Ming Duan。

網上一直傳說稱其丈夫為孟學農，但查無實據，而且也有說法稱孟學農的妻子叫姚德敏，不是姚明端。從這個房產登記的人名看，姚明端的丈夫叫孫封山（孫鳳山）的同音字。

美國 BBS 上有知情人爆料說，「這處房產的主人姚明端、孫封山夫婦不像是假的，他們 1990 年在 Cupertino 貸款 30 萬買了一處 50 萬的房子，1996 年賣了這舊房子，買了現在的豪宅，2010 年他們又在 San Jose 買了一處 70 萬的房子。而且他們還有一個女兒 Anita Suen，1998 年在 Cupertino 的高中畢業，後進入 UCLA 和 Stanford 上學。」

該房建於 1992 年，有五臥、四浴，面積 5394 平方呎。根據 Zillow 網站估算，2017 年此處房產市值約 534 萬元，不過 arivify 網站 2015 年的估價是 201 萬，外界不知 1996 年時的價格，但根據這二十多年大陸富商在舊金山大量置業、大大推高了房價的局勢來看，估計 1996 年姚明端夫婦購買時約百萬美金。

一位住在附近不願具名的退休華人表示，比起灣區其他地方，薩拉度加此區房子算是很大，過去華裔人口以台灣退休人士居多，現在也有不少中國人移入，「不僅鄰居多了很多華人，在附近購物中心、圖書館也能碰到不少。」

也就是說，台灣退休人士都能購買的社區，當年該區的房價並不算高。依靠房價不斷攀升而採用賣舊房、買新房的華裔投資置業的角度看，姚明端夫婦當年是能夠支付這套房子的。如今 80 年代移民美國的華裔人士大多也能有類似的家產。

回頭看江派對王岐山家人的攻擊，姚明端又不是中共官員，她的丈夫孫某也不知是何許人，他們的房子是 1996 年購置的，這跟王岐山關係不大。

江澤民集團火力集中針對王岐山

5 月 27 日，博訊又轉載了《明報》的文章《王岐山十九大可能不得不退 三代國師有望入常》。文章說：「由於中組部長趙樂際入常受阻，十九大中央政治局常委人選可能會出現較大變數。近期內地傳出的消息顯示，現任中紀委書記王岐山很可能屆齡退休，不再留任；廣東書記胡春華和中央政策研究室主任王滬寧入常的機率提升；而入常的大熱門仍然是副總理汪洋、中辦主任栗戰書和上海書記韓正。」

這裡面有邏輯錯誤，趙樂際入常受阻，和王岐山退休有什麼關係呢？仔細讀《明報》的文章，其實他們是想說，用韓正代替王岐山。

5 月初，江派媒體放風說：「韓正會接替王岐山成為十九大中紀委書記」，文章還談到，韓正已在政治局的會議上「笑談」過海外有謠傳關於他有私生子的問題。

早在 2015 年江派就放風說，「韓正圖取李克強」，2016 年 5 月 25 日，博聞社發表獨家消息，韓正已準備離滬進京任官。來自上海的消息對博聞社透露，現任市委書記韓正晉京入國務院已無疑問，可能出任副總理。他已與舊居惜別。有傳重慶市市委書記孫政才接掌上海。

2016 年 2 月以來，網路上還流傳一篇文章《王岐山：退休後過這樣的生活，才算人生中最精華的日子》，裡面講了老人如何對待孩子、如何服老、如何趁牙齒還能咬動食物時多啖美食、如何在腿腳還能動時去各地遊玩等。

了解王岐山性格的人都知道，這只是江派為營造王岐山退休而編造的故事。後來人們也發現，上面那些江派放風並不真實，反而更多的消息對韓正很不利。

《動向》2016 年 5 月號披露，5 月 1 日前夕，韓正已向政治局提交十九大全退報告。在報告中，韓正承認上海市委、市政府在現代管理和法制管理上，以及在醫療、福利、精神文明和文化素質等方面存在嚴重問題。

法廣 2017 年 1 月 29 日引述《外參》分析者稱，韓正或會調往北京，但最壞的一種可能就是被抓，最終被關入秦城監獄。「有一點是可以肯定的，那就是韓（正）一定會離開上海。」

據已經曝光的消息稱，上海幫當年安排周正毅以自身名義拿下「東八塊」土地到香港圈錢時，江家二子江綿恆和江綿康實際上都以官方或國企名義各占有一塊。此事正是由韓正操盤。中央巡視組三年前進駐上海期間，上海知名維權律師鄭恩寵已經向中紀委舉報了多起與江綿康及韓正有關的貪腐行為。

香港《動向》雜誌 2017 年 3 月號有評論文章稱，習近平被正式立為「核心」後，「上海戰役」吹響。與江澤民家族密切的上海副市長艾寶駿落馬、上海市長楊雄調任人大閒職，加上前上海檢察長陳旭被查，江澤民已經顯得毫無還手之力。而在習近平的舊部、上海市委副書記、常務副市長應勇接任市長一職後，「上海戰役」的下一目標或將劍指韓正。習近平可選擇派員空降，或提拔應勇上位。一旦中共上海市委書記歸入囊中，習在此一戰役中就將大獲全勝。

王岐山「洩密」為李克強留任闢謠

5 月 27 日《明報》的這個放風倒是透露了一個信息，除了王岐山待定，其他六位政治局常委已經基本確定了，他們是：習近平、李克強、栗戰書、胡春華、汪洋、王滬寧。

此前被外界發現經常在關鍵事情上替江派發聲的博訊網和明鏡網，多次報導「習李不和」，李克強將被取代等等，甚至還有李克強參與倒習政變的「獨家報導」。

為何江派不再攻擊李克強的總理位置呢？因為王岐山此前公開「洩密」，確定了李克強的職位。

據香港《動向》雜誌 2017 年 2 月號披露，過年期間，為了保障中共十九大召開，中共中央政治局常委、政治局委員和中央書記處的書記們都擔負了一項政治任務，就是分別到各地去宣傳中共六中全會的精神。

其中，王岐山到中央黨校、中宣部、中組部、中央直屬機關、中央國家機關、中央政法委等部門去宣講六中全會精神時，「有意識地」洩露了中共高層人事變動。

該文透露，王岐山特別提到了有關李克強的一些消息。他說，有關李克強的去留、連任、調任等各種消息是「黨內不正常外傳的」，現在中共中央政治局常委會「已有了決定的意見」，就是明春新一屆國務院總理仍然是李克強。

江澤民助手創辦海航 董事會無王岐山家人

郭文貴攻擊王岐山，不但提到姚明端的房子，還提到姚明珊家族的男丁姚慶是海航的董事，並影射王岐山在海南航空公司的迅速發展中幹了非法勾當。

據阿波羅網記者調查發現，海航公司網站列出 11 名董事中並無姚慶。海航除了有海南政府投資外，索羅斯是海航的大股東。大陸網帖也稱海南政府持股近 50%，海航集團和索羅斯各有 19%。

另外，郭文貴列出的名單中，只有童甫一人在海航官網董事名單中。從公開資料顯示，海航與江澤民和曾慶紅的關係匪淺。維基百科中這樣介紹海航的發展歷程：「在海航發展過程中，陳峰和劉劍鋒起了重要作用，海航成立之初陳峰就從時任海南省長劉劍鋒支持下獲得了資金，在劉劍鋒調任民航總局長之後，海航還能獲得額外的照顧。」

「1989 年，劉劍鋒交給陳峰 1000 萬元，開始籌備海航，一年後陳峰任省長航空事務助理，專門主導海航工作。有了政府的扶持，很多複雜問題都開始變得簡單。此後，三個月內他就募集了 2.5 億，憑著這筆資金，陳峰向交通銀行獲得了第一筆貸款 6 億。從此海航走上資本擴張道路，93 年 1 月完成股份制改造。劉劍鋒升任民航總局長後，陳峰當上海航的董事長。」

在劉劍鋒的工作簡歷中，有兩個時段需要外界注意：1984 年，擔任中共電子工業部副部長兼紀檢組組長；1993 年，任中共電子工業部副部長；1997 年，兼任中國聯合通信有限公司董事長。

在 1983 年 6 月至 1985 年 6 月之間，電子工業部的部長是江澤民，江澤民是劉劍鋒的直接領導。這個中國聯合通信有限公司，就是後來的江澤民之子江綿恆掌控的中國聯通家族企業的部分前身。

郭文貴說海航與王岐山有關係，從時間上看，1988 年，王岐山創辦中國農業信託投資公司並任總經理，陳鋒曾任農業信託公司世界銀行貸款項目辦公室主任。一年後陳鋒到海南創辦海航，王岐山與陳峰工作交集的時段，海航尚未成立。

海外媒體一直有報導，稱海航與曾慶紅家族關係密切，曾得到曾慶紅的支持和照顧。2006 年 4 月 20 日，時任國家副主席的曾慶紅在參加海南博鰲論壇時，在時間極為緊張的情況下，還專門會見了陳峰。

關於郭文貴爆料的真實性，很多人都持懷疑態度，著名地產商人潘石屹已經在法院起訴郭文貴誣陷。

5 月 25 日，郭文貴在推特、YouTube 上公開叫喊：「深信中共十九大順利（成功）召開的可能性很小，因為『盜國賊』們要用偷換概念的特殊方式，繼續控制權力。」在他嘴裡，王岐山、胡舒立、潘石屹等人，都是盜國者。5 月 29 日，郭文貴又稱「王岐山老婆是美國人，有很多是私生子私生女，貪腐 2 萬億」。

毫無疑問，郭文貴代表的後台江澤民、曾慶紅，已經公開和習、王撕破臉面、拔劍死拚了！

令完成也爆料？美對令特殊處理

5 月 26 日，網路雜誌《大參考》創始人李洪寬在推特上表示，繼郭文貴大規模爆料掀起軒然大波後，5 月 29 日 18 時開始，前中共政協副主席、中共中央統戰部長令計劃的胞弟，中國商人令完成也將要進行新一輪的爆料，而且內容將會是「中共邪惡領導核心的料」，比郭文貴的爆料內容更為震撼。消息透露，此番爆料將一直持續至 6 月底，分六次完成。

對於此輪爆料，令完成預言說「爆料異常猛，異常辣」，並自詡「核爆即將來臨」。

2015 年 3 月，令完成出逃美國。據《華盛頓自由燈塔報》披露，令計劃在 2012 年從中央辦公廳祕密取得大約 2700 多份內部文件，複印之後交給令完成，其中包括中國領導人啟動核武的程式細節，中南海內所用的安全祕密和通訊代碼、中共領導層、國務院和中央軍委所用的藍圖、指令和管控信息等。令完成則通過律師否認洩密。

《紐約時報》發文表示，如果令完成在美國獲得政治避難，他將成為中共歷史上最具破壞力的叛逃者之一。令人吃驚的是，美國一直不給予令完成政治庇護的許可，同時，也一直拒絕中共提出的引渡。如今令完成靠與一美籍華人結婚而留在美國。

《新紀元》周刊此前報導過，對於美國情報機構來說，令完成來美是從天而降的「情報金礦」，他不但帶來上千份中共的絕密文件，還帶來了最難得到的中南海高層的各種細節。

如今美國的情報分析主要靠計算機的大數據運算，通過各種細節的匹配來判斷一個新情報的可信度。比如某個人的小名、生日、家庭地址、與各種人的親戚朋友關係，在什麼銀行存款，用什麼型號的手機等。新情報輸入計算機後，找尋各種細節是否與已知的細節信息匹配度，匹配得多，這個信息的可信度就高。不過，美國情報局一直苦於中共對高層信息的嚴密封鎖，而令完成跟中共很多高官非常熟悉，這對美國情報局來說，絕對不會把令完成送回中國。

經濟學家何清漣 2015 年 8 月 6 日在美國之音發表文章，表示令完成不會被遣返：所謂「情報」是否已經洩露給美方，北京想想自己怎樣對待斯諾登送上門的無數機密資料，就會明白美方會如何對待令完成手上那數千份機密文件。但華盛頓畢竟不會像北京那樣，用完斯諾登就一腳將其「人道」地蹬到了俄羅斯。鑒於令完成被遣返回國的遭遇將遠比斯諾登回美接受審判要悲慘，美國極可能從人道出發，避免令完成陷入這一悲慘結局。

既然令完成對美國來說很重要，為什麼美國又不給他政治庇護呢？這可能與 2012 年 3 月習近平訪問美國時的經歷有關。當時王立軍把江派周永康、薄熙來搞政變推翻習近平的各種資料交給了美國在成都的領館，而美國副總統拜登把這些給了習近平。

從那時起，美國政府就知道，習近平遭到江派的拚死攻擊，於是才有拜登說的不想給習近平「添麻煩」。美國在政治的投資習近平，於是才有了奧巴馬與習近平中南海瀛台會的夜空長談，以及川普給中國的百日計畫。

因此，美國絕對不會批准令完成的庇護申請。

令完成公開爆料可能性為零

5 月 28 日，阿波羅網站發表文章，分析令完成公開爆料的可能性基本為零。

李洪寬，山東人，從事生物化學的研究，1994 年博士畢業於美國愛因斯坦醫學院。1997 年下旬開始以《大參考》的名字發布網路雜誌，傳送新聞和做中國民主運動的宣傳。由於資金缺乏，2005 年 5 月底停刊。不過李洪寬如今仍活躍在首都華盛頓。

阿波羅網站特約評論員「在水一方」認為，「李洪寬的這個說法沒有提供來源，也就無從查證，而李洪寬本人的社交圈子，看上去與中共巨貪令完成家族沒有交集。李洪寬說：『完成同志預言說……』，比較像是調侃的口氣，我覺得可能李洪寬是希望中共高層打得越熱鬧越好。」

而且令完成也沒有爆料的原動力。一方面令完成應該已經將機密給了美國政府，受美國政府保護，已經在美安頓下來。另一方面，習近平反腐沒有殺任何人，也沒有殺他家族任何人，令完成還沒有拚個魚死網破的動機。

澳洲分析人士「牛樂吼」說，假設令完成手裡有料，那麼料可分為兩類：軍事經濟情報和高層醜聞。如果他受美政府保護屬實，說明他的軍經情報至少已經部分入美方手裡，美方不會允許他公開這類材料，同時他與共匪已無交易可做，雙方處平衡態，公開高層醜聞除了洩憤招來對家人報復外沒有任何意義。結論：令同志公開爆料可能是零。

李洪寬轉推了「牛樂吼」以上的分析。

各方勢力都想打「令完成」牌

新紀元在中國大變動系列叢書《令家竊密詳情 習近平大驚》中，詳細介紹了令計劃、令完成一家的故事。當年令完成剛剛逃到美國時，習近平當局想抓捕令完成回國，而江派曾慶紅也下令其手下特工一直在找令完成，想逼他爆料，令習近平難堪。

不過令完成一直沉默，沒有像郭文貴那樣爆料。

據《紐約時報》2015 年 8 月 17 日報導，一名美國官員承認，中共特工一直試圖追捕令完成。對此，美國國務院發言人馬克・

托納（Mark Toner）表示，對於個人來說，如果不是外交或領事官員或隨員，在沒有事先通知美國司法部長的情況下，代表外國勢力在美國行動，「就是一種犯罪行為。」

不過到了十九大前最白熱化的搏擊之前，李洪寬既然說令完成會爆料，或許不是空穴來風，否則，他個人幾十年積攢的信譽會遭受損失。

如今習陣營反腐五年，觸動了一大批人的利益，貪官污吏及其家屬，還有不作為的懶官等，都要被查，大陸官場已是「官不聊生」，怨聲載道。

特別是 2017 年習陣營開始在金融界反腐，這令紅二代和富二代非常驚恐。《新紀元》周刊此前報導過，習近平上台後，第一個五年不會打太子黨，但第二個五年就要打太子黨，因為太子黨和官二代們，空手套白狼，侵吞國家資產，那是一般貪官污吏無法比擬的。他們一年就狂撈上百億，這才是真正的大鱷、大老虎。

面對習近平、王岐山的大力反腐，以江派為首的、包括各類貪官污吏及家屬、還有地方官、太子黨、官二代的「反習」勢力儼然形成。十九大逼近，江派不會坐以待斃，藉抛材料來阻止十九大王岐山繼續反腐，無論是郭文貴、令完成或薄瓜瓜等，都有可能在這半年間跳出來鬧事。

十九大是習近平的保衛戰

除了政治上的壓力外，十九大前習近平最頭痛的就是經濟。

2017 年 5 月 24 日，穆迪下調了中國的信用等級，預示中國經濟將下滑。穆迪降級其實反映了中國經濟的現狀。

很多大陸人到香港會朋友，最大感慨就是現在大陸生意很難做，是十幾年來最難做的時候，連阿里巴巴、微信這樣的公司都覺得難。國有企業用行政方法侵蝕私人企業，國際收支與財政失衡，債務問題嚴重等真實情況，比外國企業如穆迪看到的都還嚴重，這些都直接衝擊十九大。

中共之所以還能維持統治，主要一點就是經濟發展帶給老百姓實惠，一旦經濟下滑，百姓在經濟上得不到好處了，政治上就會有更多動力站出來反抗中共暴政。

《新紀元》暢銷書《王岐山十九大留任新職》，分析了王岐山十九大不會退休，而且會擔任一個更重要的角色，習近平為此已經做了一年多的鋪墊了。

過去五年，習近平、王岐山、李克強團隊，並沒有在改革上做出什麼政績，因為江派既得利益者在竭力阻撓改革，習李王體制唯一的政績就是反腐，不過反腐還沒有徹底清除金融大鱷，習近平會力保王岐山不退休。

郭文貴攻擊王岐山，實際上已經在暗中攻擊習近平了，隨後還會公開攻擊習。不過習陣營也發起了不斷反擊。比如十九大地方諸侯基本上已經是習的人馬，王岐山拿下上海法院的陳旭，要收回被江澤民出賣的領土等，都令江派害怕。

台灣著名政治學者明居正表示，十九大其實是習近平的保衛戰，面對各種挑戰和反撲，習近平必須留下王岐山。如果江派拚死反撲能達到效果，江派會向習提要求：你留下王岐山，就必須在政治局常委名額上讓給我幾席。

面對一陣陣陰風吹蕩，未來的一切取決於習陣營的行動，以及習近平本人的勇氣和決心。

第二節

中南海生死搏鬥 進退兩難

2012 年 10 月 27 日，溫家寶委託律師發表《溫家寶家人律師受權聲明全文》，指控《紐時》不實報導，並保留對其的法律訴訟權。（AFP）

在中共五年一次的黨代會召開的前夕，利用海外媒體攻擊政敵，這好像已經成了江派慣用的手法。十九大前郭文貴對王岐山的攻擊，不禁讓人想起五年前十八大召開前幾周那驚心動魄的《紐約時報》攻擊溫家寶的故事。人們發現，即使紐時事件以及巴拿馬文件曝光等事情發生後，中共高層的權力並沒有發生多大變化，因為中共執政，靠的不是名譽和輿論，而是靠派系實力。估計這次郭文貴攻擊王岐山，可能也是類似的結局。

2012 年 10 月 26 日，原本以嚴謹著稱的美國《紐約時報》在頭版刊登了《總理家人隱祕的財富》，模糊地宣稱，溫家寶的家人在其擔任總理期間，獲得了 27 億美元的隱祕財富。此文如同一顆炸彈，引起全球震動，幾小時內西方主流媒體、海外中文網、大陸官方以及溫家寶家人等，都從各自角度對其真實性進行了質疑或背書，不過有一點是相同的：地球村人都知道中南海正面臨有史以來最公開的分裂。

質疑者：有人故意餵料

據 BBC 報導，《紐約時報》這篇文章的作者、駐上海記者巴爾紮克（David Barboza，中文名張大衛）在另一篇文章說，他挖掘了十個月才從大陸公開報導中收集到溫家寶家人這些貪腐證據。不過《美國之音》在「焦點對話：紐約時報驚曝溫家寶家族財富，耐人尋味？」的視頻中連線其駐京記者，證實在北京的外文媒體都收到一份非常厚的報告，包括溫家寶家人的經濟投資情況，甚至包括一些審計機構的認證。

據彭博社透露，彭博此前收到所謂曝光習近平家族貪腐的材料有 1000 多頁，其中把習近平親屬的公司報表都收集完全，甚至還有親屬的個人身份證複印件、家庭住址照片等，還有數年前共事人士的證據證言。這上千頁的材料說，習近平家族斂財數億美元，但彭博社發現很多爆料是錯誤的，如將習近平親屬控股公司的母公司的財產全部算到習家名下。

彭博社在反覆調查分析後承認，這些材料不能證明習近平曾用個人權力幫家族謀利，也沒找到習近平家族任何不正當經營的證據。這次爆料的溫家寶的材料中也有同樣的情況，將一些似是而非的人造假成溫家寶家族的持股人，並將他人的財產轉嫁到溫家頭上。

就在《紐時》報導發表幾小時後，中共官媒於 2012 年 10 月 26 日深夜通報了薄熙來因涉嫌犯罪被立案偵查並採取強制措施，在此十多個小時前，薄熙來剛被終止了人大代表資格。第二天 27

日，中共官方媒體刊登了一則消息，中共九常委全部現身參觀一個在北京展覽館舉行的圖片展。官方發布的照片中，總理溫家寶笑逐顏開，好像《紐時》的文章不存在似的。坊間認為，這是中南海有意向外界釋放力挺溫家寶的信號。

律師聲明 指控《紐時》報導不實

10 月 27 日，一封《溫家寶家人律師授權聲明全文》發表，這份由君合律師事務所律師白濤及國浩律師（北京）事務所律師王衛東簽署的聲明共六點，全文如下：

「受溫家寶家人的委託，現就《紐約時報》有關溫家寶及其家人的不實報導，發表如下聲明：

一、《紐約時報》報導的所謂溫家寶家人的『隱祕財產』，是不存在的；二、溫家寶家人有的沒有從事經營活動，有的雖從事過經營活動但沒有從事任何非法經營活動，沒有持有任何公司的股份；三、溫家寶的母親除了按規定領取的工資／退休金，無其他任何收入，也無其他任何財產；四、溫家寶從未在家人的經營活動中起到任何作用，更沒有因家人從事經營活動對他制定和執行政策產生任何影響；五、溫家寶的其他親屬，以及這些親屬的『朋友』、『同事』的一切經營活動均由他們本人負責；六、對《紐約時報》的其他不實報導，我們將繼續予以澄清，並保留追究其法律責任的權利。特此聲明。」

支持者與懷疑者的爭論

不久《紐約時報》把此文從首頁撤到了內頁，但沒有刪除。

支持《紐時》的人相信，《紐時》記者和編輯不會違背原則去報導不實新聞，並認為，中共貪腐是制度性的，只要還在那個體制裡，就難免被污染，特別是其家人。中共幾十年口頭上宣稱要公布官員財產，但至今沒有實施，據說政治局常委中的絕大多數都反對公布財產。李長春控制的《環球時報》2012 年夏天還公開宣稱「適度腐敗論」，曾慶紅更是公開質問：「無論馬、恩、列、斯，毛、鄧，哪個規定了官員家屬不能經商？」有人調侃說：「現在中南海就跟賈府一樣，只有門口那對石獅子是乾淨的。」

不過懷疑《紐時》者表示，早在 2001 年 8 月 8 日，江澤民就在北戴河會見《紐約時報》董事長兼發行人蘇茲伯格、執行總編萊利維爾德，以及《紐時》駐京記者時說：「在我個人看來，《紐時》是很不錯的報紙。」於是很快《紐約時報》在中國的英文網站就被解禁了，而其他很多西方媒體一直被屏蔽著。從那以後，江澤民經常利用「出口轉內銷戰略」，與某些西方媒體保持親密關係，不斷利用西方媒體來樹立自己的威信，還找了一個美國猶太人銀行家庫恩寫了所謂的《江澤民傳》。

共同點：「他們全瘋了」

無論溫家寶及其家人是否清廉，人們對《紐時》報導的時間點普遍認為「耐人尋味」。政論家陳破空分析說：「時機不同尋常，很顯然是中共黨內一派的故意放風，《紐約時報》跟進，十八大白熱化，黨內左右兩派鬥爭，攤牌決鬥，倒薄派和挺薄派，魚死網破，你死我活。用經濟問題掩蓋路線鬥爭。中共向何處去？是改革生還是倒退死，也從這場大決鬥中看出端倪。」

美國之音資深編輯寶申評論說：「他們全瘋了，進入最後的瘋狂。」可惜，在中共精心打造的虛假浮華面前，很多中國百姓還沒有意識到「中共高層全瘋了！」

習近平、溫家寶等人受到類似「質疑或攻擊」已非第一次。《新紀元》周刊 2012 年 4 月在 272 期封面故事《百度捲入高層生死搏鬥》中獨家披露了大陸互聯網最大企業「百度搜索」，在重慶前市委書記薄熙來和政法委書記周永康操控之下，悄悄在網路上發起抹黑胡錦濤、溫家寶及習近平三人的活動，報酬是中共官方迫使谷歌退出中國市場，從而使百度一家獨大。

報導說，百度重慶業務主管被中紀委控制調查後，供出大量驚人內幕。2010 年 3 月，薄熙來、周永康先後接見百度總裁李彥宏，他們做出了「相當縝密的攻擊胡錦濤、溫家寶和習近平接班的網路宣傳計畫。」

當時，北京時間每日凌晨一點過後，百度新聞、百度知道、百度貼吧、百度空間就會充滿習近平及胡、溫的大量負面消息及人身攻擊，有的還配有醜化圖片，但到早上八點左右，所有負面報導全部消失。

北京消息：胡習進退兩難

據北京消息人士告訴《新紀元》周刊，《紐約時報》報導溫家寶家族 27 億美元的消息，在最高層引起極大震動。引起震動並不是因為所謂貪污數額，而是以前西方權威媒體從未對中國的在任領導人做出這樣的指控性報導。政治局在一中全會之前緊急會議，專門討論這一問題。會議中，有兩種主要意見，一是按照以前的方式，由政府出面，對《紐時》和相關的記者編輯施加壓力，並通過某些補救措施扭轉或挽回部分影響。二是不予理睬。

溫在會上再次提出公布個人財產，由中紀委對他及家族成員進行「公開調查」，但會議對此沒有回應。

胡、習雖然支持溫，但擔心一旦採取溫的意見，會引發連帶反應。比如調查如果是內部進行，外界同樣不相信，而所謂「公開調查」公開到什麼程度卻無法把握，對輿論影響也無法預測。如果調查溫，則其他人如何？其他外國媒體指控其他人或問題怎麼辦？國內輿論怎麼辦？民心怎麼辦？如何應對引起的輿論危機？十八大代表會有什麼反應？是否會對十八大權力換屆造成影響？

這些問題被提出後，都沒有解決方案，因此溫提案不可能被採納。習不想事情搞大，希望冷處理。

這位接近高層的消息人士還說：七中全會很沉悶，十八大政治報告無大爭論。過去十年如何定調無大爭論，但對十八大修改黨章（非毛化）爭論激烈，有人激烈反對把毛思想拿出黨章。

薄熙來問題的材料在會議上被發閱，但不許帶出會場，有中央委員表示看了之後「很震驚」。

連出蠢招 周永康恐被抓

溫家寶是中共黨內力主嚴懲薄熙來及其後台周永康的代表人

物，很多人懷疑「餵料」者背後是周永康、曾慶紅的人馬。《新紀元》叢書《中南海政治海嘯全程大揭祕》上、下冊中詳細講述了從 2007 年至今，以薄熙來、周永康為前台，曾慶紅、江澤民為幕後的「第二權力中央」一直在暗中布署，通過表面上利用毛左勢力和民間不滿情緒，把胡溫及其接班人趕下台。為此江派血債幫在軍事經濟和輿論方面進行了大量布署。

即使薄熙來被抓後，這種反擊也一直沒有停止過，無論是煽動國內民眾還是製造外交事端、無論是關門談判還是公開攤牌，雙方爭鬥激烈。從激烈局面來看，這場較量中雙方必有一方以「死亡方式」徹底出局，否則這場戲難以收場。

第三節

潘石屹告郭文貴
郭在美國欠債英國找錢

潘石屹表示，不能任由郭文貴造謠，已決定要向法院起訴。（Getty Images）

潘石屹狀告郭文貴誣陷

據陸媒報導，中國大陸地產商、SOHO 中國董事長潘石屹 2017 年 5 月 22 日通過微博發出一封公開信稱，郭文貴所說的有關潘早年參與「摩根中心」（現北京盤古大觀）項目投標時參與「串標」的說法是「無稽之談」。

潘表示，2006 年 5 月北京市政府收回「摩根中心」土地並公開拍賣，最後投標的有上海實業、首創、華遠、大連正源和 SOHO 中國五家，投標過程是完全獨立的。結果是，劉曉光的首創集團中標了。潘披露，當時郭文貴就曾在焦點房地產網上稱，他們幾家開發商與政府勾結起來，搶他的地。

不過，當年6月，主管城市規劃、土地審批的北京副市長劉志華突然被免職，有大陸地產界「帶頭大哥」之稱的首創一把手劉曉光也被中紀委帶走。該地歸原主摩根投資。據陸媒披露，當時的摩根中心投資方郭文貴，為報復收回土地的劉志華，設計拍下權色交易視頻使其落馬。

對於郭文貴說有關SOHO中國股票中50%是替人代持，潘石屹是官員「白手套」的爆料，潘完全否認，並稱「SOHO中國是香港上市公司，股權結構非常清晰」，任何人都可以查清楚。

郭的老領導勢力在中國「比天大」

潘石屹還說：「誰都知道郭文貴是國家安全系統的人，可以隨便的去竊聽，可以隨便的去抓人。誰都知道郭文貴背後的『老領導』勢力很大，在中國比天還大，誰敢得罪這樣的人呢？」但潘接著說，不能任由郭文貴造謠，已決定要向法院起訴。

而郭文貴則用視頻回應潘石屹的公開信，希望潘向美國法庭告他，要在法庭上對質等。

自2017年1月下旬以來，流亡海外的郭文貴在海外媒體及推特等，接連曝出多名中共高層及商界人士的醜聞，並多次提及「老領導」與其聯繫，引發外界對「老領導」是誰的關注。外界分析多指向曾慶紅，甚至是江澤民。不過有人預測，郭文貴到時會「自曝老領導是王岐山」來製造混亂。

紐約時事評論員朱明表示，老領導的勢力「在中國比天還大」，誰都知道說的是曾慶紅、江澤民。潘石屹說出這樣的話，中共官方媒體還公開刊登出來，非常罕見。潘的話證實江、曾在中國無法無天，老百姓都知道。雖然一些媒體轉載時刪了這句話，但不少媒體還是保留了。所以，反腐不抓江、曾，難竟全功。

自由亞洲電台5月17日報導，當日的美國智庫論壇上，有「中國通」學者傅士卓（Joseph Fewsmith）表示，十九大前後如果再有「大老虎」落馬，曾慶紅是首選。

4月30日港媒曾報導，北京高層已確認，郭文貴在中共十九大前的爆料行動有複雜的政治背景。消息稱，習近平、中紀委書記王岐山、中央政法委書記孟建柱已掌握了郭的保護傘所策劃的這一計畫，並達成一致決議，要打掉其保護傘。

通過布萊爾獲阿聯酋30億美金投資

據財新網5月25日報導，英國前首相布萊爾辦公室相關人士表示，布萊爾與郭相識已有10年，郭文貴曾經是英國前首相布萊爾慈善工作的一名捐資人。但布萊爾從未與郭簽署商業方面的合同，也未因此收取費用。

布萊爾夫人雪麗．布萊爾2009年出版中文自傳時，郭文貴曾一舉買下5000冊。此後郭文貴與布萊爾的交往密切，布萊爾成了郭文貴倫敦和北京家中的貴客。

報導說，布萊爾退休後，喜歡乘坐私人飛機在全球旅行。2013年布萊爾的一次中東之行，乘坐的就是郭安排的豪華私人飛機，飛機費用由郭買單。

在布萊爾的引薦下，郭文貴認識阿聯酋阿布達比的王儲等要人，募集30億美元資金，成立了阿中基金（ACA），並成為該基金的管理人。報導說，此事發生在「中國與阿聯酋國家層面的合作項目中阿基金」緩慢推進的兩三年裡。言外之意，郭文貴挖了國家的牆角。

郭文貴後來解釋說，他兒子在英國讀書時的同學就有阿聯酋的王子等，不過看看阿聯酋國王的年齡，再看看郭文貴兒子讀書的學校，就能看出這裡有誤。

投資海通證券 股災時損失 5 億美金

2014 年底，海通證券宣布 H 股配售，總規模 40 億美元，引入七家投資人。2015 年 5 月，通過瑞銀（UBS）的安排，郭文貴的阿中資本以代理身份進入，借殼公司 Dawn State 認購海通證券 H 股 5.69 億股，在海通證券股東榜上名列第一。這筆高達 12.75 億美元的投資中，5 億美元來自阿中資本，另向 UBS 融資 7.75 億美元。

澳大利亞背景投行的麥格理原大中華區主席余建明成為以阿中資本集團（ACA Capital Limited Group）為代表的「阿中系」公司的董事和總裁，而幕後真正的老闆為郭文貴。

報導稱，郭文貴大手筆的投資不到兩個月即遭遇股災。由於通過 UBS 進行槓桿交易，股價下跌觸及平倉線，而遠在美國的郭文貴未能按要求及時補充 2 億美金的保證金，其所持 H 股 5.69 億股被強行平倉，虧損近 5 億美元。

事後郭文貴把 UBS 告上法庭。但這一官司被紐約法院以管轄權駁回，未能立案。

報導說，郭文貴雖掌控部分流動性資產，但因投資失利，面臨出資人的巨大壓力。財新網最後表示，將對郭文貴鮮為人知的資本活動繼續進行調查報導。

對上述報導，5 月 25 日郭文貴通過視頻回應稱，有關其通過布萊爾認識阿聯酋王室的報導是「造謠」，同時還要在十九大召開前舉行全球發布會繼續爆料。不過財新網在報導中給出了很多證據。

財新網指郭文貴欠債九年 在美遭訴

胡舒立主掌的財新傳媒曾多次與郭文貴交手。如 2015 年 3 月，財新雜誌曾刊出「權力獵手郭文貴」的報導。隨後郭文貴從海外反擊財新造謠，並對胡舒立進行激烈的人身攻擊。有報導認為，郭文貴、胡舒立大戰的背後是江派二號人物曾慶紅與中紀委書記王岐山之間的博弈。

2017 年 4 月下旬，財新網發文指郭文貴因一筆拖欠九年的 8800 萬美元債務，被告上了紐約法庭。

報導稱，2008 年，郭文貴以旗下海外公司 Spirit Charter Investment Limited 的名義，並通過個人擔保，向 Pacific Alliance Asia Opportunity Fund L.P.（下稱 PAX）借得鉅款，後經多次展期，至今分文未還。PAX 為香港太盟投資集團（PAG）旗下公司。

報導稱，PAX 將郭文貴訴至紐約曼哈頓法庭，要求其償還個人擔保下的 4642.6 萬美元本金，外加 4109.7 萬美元利息，合計 8752 萬 3471.46 美元。此外要求郭文貴一方承擔訴訟費用和 PAX 因追債產生的成本。

原告稱，過去九年間一直和郭文貴協調還款方式，經過了一系列更改協議、展期、變換還款方式，包括：雙方在 2011 年簽署新的協議，約定後者要在一年多的時間內還清本息，未果。2013年，原告希望郭文貴用其北京盤古氏投資有限公司（下稱盤古投資）的房產及資金抵債，但未能兌現。此後又經過三年內的四次展期，直到2015年初，「以房抵債」仍未實現。

雙方後又商定，由郭文貴公司引入新的股東償債，亦無下文。此後，郭文貴不再回應相關債務問題，催款公文石沉大海。

據報導，原告並非第一次付諸法律行動。在2016年初，PAX曾在英屬維京群島勝訴，郭文貴用以借款的空殼公司被清盤，但沒有追回任何款項。

在PAX長期追償沒有結果的情況下，郭文貴卻於2015年初以6700萬美元的價格在紐約中央公園東南角、第五大道781號，買下與Sherry-Netherland Hotel同處一座大樓的第18層一整層豪宅。

對於財新網的報導，郭文貴在推特中發文稱，「8800萬美元官司只是我給我家族公司融資的一個大擔保，因專案組查封所有國內資產，所以無法兌現。借貸方找我要錢，4月18日在紐約起訴我這個擔保人。這家基金是海航集團最重要的投資者之一，同時與馬副部長公開視頻、紅通等等同時進行。你們懂的！」

不過人們發現郭文貴在狡辯。這4600多萬美金是2008年借的，至少2011年債主就來討債了，與2015年成立的專案組沒有任何關係。而且郭文貴還故意把香港PAX基金與海航集團扯在一起，目的就是想攻擊王岐山。

郭文貴在推文中還稱，以後將曝光「涉及北X銀行民X銀行的巨大醜聞」。針對郭的持續爆料，中共黨報罕見地發表長文稱，中央政法委機關與中央保持一致，且絕不傳播政治謠言。

第十章

江澤民集團瓜分經濟 習壓力大

中共前黨魁江澤民構造了一個以貪腐為紐帶的龐大犯罪團伙，瓜分中國經濟，帶領黨員幹部公然搶劫了屬於13億中國人民的國家財富。近期中國信貸評級被調降，十九大召開前，習近平面臨政治及經濟雙重難題。

江澤民構築了一個以貪腐為紐帶的龐大犯罪團伙，帶領黨員幹部公然搶劫了歸13億中國人民所有的國家財富。（大紀元合成圖）

第一節

十九大前
習近平面臨巨大經濟壓力

國際評級機構穆迪將中國信貸評級下調，並預測 GDP 增長率在未來五年間降至逼近 5%水準。（大紀元資料室）

穆迪下調中國信貸評級 GDP 增長率將下降

2017 年 5 月 24 日早上，國際評級機構穆迪（Moody's）突然將中國大陸主權評級由 Aa3 下調一級至 A1，顯示中國由「非常低信貸風險」轉至「低信貸風險」。

具體來說，穆迪這次下調了中國本幣和外幣發行人評級，還將已核准但未發行的高級無抵押外幣債務評級從（P）Aa3 下調至（P）A1，外幣存款評級上限從 Aa3 降至 A1。而穆迪仍將中國的本幣債券和存款上限維持在 Aa3，外幣債券評級上限維持 Aa3，短期外幣債券和銀行存款評級上限仍為 Prime-1。

穆迪在解釋這次調降的原因時表示，中國的金融實力前景將惡化，債務將進一步攀升，經濟增長將放緩。

穆迪預計中共政府的直接債務在 GDP 中的比例在 2018 年前或將逐漸攀升至 40%，在 2020 年前或逼近 45%。GDP 增長率有可能在未來五年間降至逼近 5% 水準。

香港東網表示，穆迪下調 GDP 增長率的理由：一、由於投資占總支出的份額減少，資本存量形成將減慢；二、勞動人口年齡自 2014 年起下跌，並將會加快下降速度；三、雖然有額外的投資及高技能，但不預期低生產率會出現逆轉。

據專家介紹，針對中國信用評級採取行動是很少見的情況，七年來三大評級機構都沒有調整過中國評級，接下來的問題是標準普爾是否跟隨穆迪。標普自 2016 年以來已將中國評級展望下調至負面，表明有潛在的降級可能。穆迪下調中國主權評級後或將增加中國企業的海外融資難度，也會影響外資進入中國的意願。

兩天後，穆迪主權風險部副董事總經理 Marie Diron 表示，雖然中共進行結構性改革來抑制債務激增帶來的風險，但是，即使改革會減緩債務累積的速度，卻不足以阻止債務上升，中國的債務水準不會迅速下降。

Diron 還提到，中國的經濟增長主要依賴政策刺激，預計未來為了達到官方的經濟增長目標，中共會繼續依賴投資刺激，債務將繼續增加。如果中國本已膨脹的信貸泡沫得不到抑制，穆迪可能會再次下調中國的信用評級。

路透社 5 月 26 日引述分析表示，中國經濟增長的主要動力是政府主導的刺激措施，但是後果是產生了相當於國民生產總值（GDP）300% 的巨額債務。

一些分析師越來越擔心中國的債務累計速度，同時表示很多債務和銀行系統都是受到中共政府控制的。瑞銀集團（UBS）估計，2016 年中共政府債務已經達到 GDP 的 68%，企業債攀升至 GDP 的 164%。

另外，中國的銀行業壞帳堆積，國際清算銀行（BIS）2016 年 9 月份曾警告，中國的債務累計速度過快，未來三年內銀行業的風險將越來越大。

人民幣貶值 國際化艱難

穆迪降級的第二天，2017 年 5 月 25 日，環球同業銀行金融電訊協會（SWIFT）發布的最新報告顯示，4 月份，人民幣在國際支付中的使用占比下滑至 1.6%，排名降至第七。

SWIFT 的報告顯示，目前歐元在國際支付中的使用占比是 30%，美元占比 40%，而人民幣 3 月僅占比 1.78%，排在美元、歐元、英鎊、日元和加元、甚至瑞士法郎之後。

2017 年 2 月，人民幣在國際支付中的使用占比為 1.84%，3 月跌至 1.78%，而 4 月更下滑至 1.6%。

人民幣曾在 2015 年 8 月超越日元成為僅次於美元、歐元和英鎊之後的全球第四大支付貨幣。但是從 2015 年 8 月以後，隨著人民幣貶值，人民幣在全球支付體系中的排名開始回落。2016 年 10 月，人民幣的全球支付額下滑至第六位；而在傳統的貿易金融領域，人民幣的排名也被歐元超過，排位降第三。

海外評論人士文小剛對此表示，人民幣貶值帶動大陸資本外流使中共極為恐慌。中共為了嚴防資本外流，從 2016 年第四季度開始不斷推出控制資本流出的政策，這個政策可以說包括了對大陸任何一個換匯群體，比如外企、國企、個人、金融機構都包含在內。中共已經實行了事實上的外匯管制，只是自己不願承認。

文小剛說，中共此舉實際上就是關上了人民幣國際化的大門，對於中共這是一把雙刃劍，一方面中共阻止了部分資金外流，但另一方面外資看到在大陸的企業不能將利潤匯到海外，也停止了到大陸投資。中共此舉也違背了加入 SDR 時的承諾。

明晟：中共預審數據是納入 A 股難題

2017 年 5 月 24 日，美國著名指數編制公司 MSCI 明晟的首席執行官 Henry Fernandez 表示，要將大陸 A 股納入 MSCI 指數仍有許多問題需要解決，其中發布與新金融產品相關的數據需獲得中共的預先批准是個難題。

明晟於 6 月 21 日宣布將 A 股納入 MSCI。預料未來十年內中國市場有望吸引多達 4000 億美元的資金流入。

2016 年 6 月，因為必須廢除大陸交易所對於 A 股掛鉤金融產品在海外上市的「預先審批權」等問題無法解決，MSCI 明晟連續第三年拒絕把中國 A 股納入其全球新興市場指標指數。

據《香港經濟日報》2017 年 5 月 24 日消息，MSCI 提出縮水版納入 A 股名單，僅限可以經「滬股通」和「深股通」買賣的約 169 隻大市值股納入買賣範圍。而 A 股在指數中的權重也將從 3.7%降至 1.7%。

2017 年 1 月 23 日，Fernandez 在接受路透社採訪表示，如果中共進一步實施資本管控，將中國股市完全納入 MSCI 指標指數的進程可能會停止。

為了嚴控資金流出，中共2016年第四季度以來不斷收緊換匯政策，其中之一是限制在大陸的外企將利潤匯回海外的總公司。

2017年大陸股市不斷下跌。截至5月24日收盤，大陸A股2806家上市公司中，有1385支個股跌穿2016年1月底股市熔斷時創出的股災底，占比達43%。

困境：中國實體經濟嚴重脫實向虛

目前中國經濟增長持續下滑，主要表現在製造業衰退和巨額債務。2017年4月份的工業產出、固定資產投資、製造業的增速分別比3月份下滑1.1、1.4和3.8個百分點；而十年期國債收益率卻大幅上漲90個基點，意味著融資成本上升。

大陸經濟學家任澤平2017年5月24日發表分析文章表示，大陸「流動性陷阱」的問題已經很嚴重，也就是說，大量超發的貨幣沒有進入實體經濟，而是推升了資產泡沫。

而資金脫實向虛的背後因素是中共長期以來大規模刺激房地產和過剩產能，造成實體經濟回報率下降、槓桿率高，以及資產價格泡沫膨脹。

目前中國經濟正在去槓桿中，但是任澤平認為，僅僅去槓桿還是不足以令資金返回實體經濟，關鍵是要提高實體經濟回報率，這其中還涉及國有和民營企業不公平競爭的問題。

公開資料顯示，中共刺激和依賴房地產投資的規模，從上世紀90年代土地財政開始迅速擴大，從出讓土地使用權中獲利，地方政府設立融資平台從銀行大量借貸以維持房地產開發投資。經濟學家吳敬璉曾多次公開表示，中共央行超發的貨幣大量流向房地產，導致泡沫和債務風險加劇，同時實體經濟衰退，經濟高度依賴房地產。

另外，從本世紀初開始，中國就出現了產能過剩問題，2005年即出現鋼鐵、煤炭、紡織等十多種行業產能過剩，之後逐漸擴展到更多行業。業界普遍認為，產能過剩行業主要集中在國有企業，中共長期向國有企業提供貸款和稅收方面的優惠和補貼，造成國企產能過剩且低質、民企被限制發展。

第二節

王岐山遭 27 次暗殺
中紀委被政法委攻擊

中紀委書記王岐山曾遭 27 次暗殺，中央巡視組巡視反腐工作遭受各種陰招對抗，中紀委網站也屢遭中共政法委系統內部黑客攻擊。圖為中紀委網站。（大紀元資料室）

躲過 27 次暗殺 王岐山有特異功能？

港媒《動向》雜誌 2016 年 12 月號透露，王岐山到地方視察有一個習慣，每次都不乘坐由紅旗牌轎車改裝的防彈、防撞壓、防燃燒專車，在暗殺手段日新月異的現代高科技時代，王岐山的行事風格顯得很不尋常。

王岐山在一次北京工作調研會上解釋，「我命可大，有千歲，眼、鼻、耳有特異功能，死不了。我有個靈感，祖先暫時不想和我會面。」

報導說，王岐山任中紀委書記以來，已先後遭受 27 次暗殺。上任 4 年來，王岐山遭武裝、器械、車輛等暗殺 17 次，郵件、包裹落毒化學品等謀害 8 次，在河北、四川等地下榻的招待所的飲用水、稀飯中被下毒各 1 次。

文章還點明，北京最高層和王岐山心裡都非常清楚，策劃謀害他的黑手就在黨內。

政法系內部黑客攻擊中紀委網站

2017 年 5 月，港媒消息披露，中央巡視組巡視反腐工作，遭受各種明的、暗的陰招對抗，中紀委網站也頻頻遭到中共政法委系統內部黑客攻擊。

消息披露，中紀委網站自 2014 年 10 月向社會開放以來，平均每日點擊率近 560 萬至 600 萬次，其中遭受黑客攻擊入侵 32 次，最長時間 31 分 22 秒。追擊下查，最後查證到來自政法委系統內部。

於是，中紀委、中組部已經就這一惡性事件進行點名，被點名的地方包括：黑龍江省、吉林省、河南省、江西省、雲南省、海南省、廣西自治區、重慶市及四十多個中央隸屬事業單位、央企黨委、紀委。

早在 2015 年底，中紀委網站發表評論文章《紀嚴於法 紀在法前 紀法分開》時，就有海外傳媒報導說，該文章推出後翌日凌晨，網站即遭到黑客攻擊，網站一度無法正常瀏覽，頁面變得極度混亂，各分支連結、字體等被縮小或放大。當時有分析指出，該攻擊行動來自中共政法系統。

政法系抵制習近平反腐

香港《爭鳴》雜誌 2016 年 12 月曾有文章指，中共政法單位將是習近平下一個反腐重點，因為有「刀把子」之稱的中共政法系統是江澤民、曾慶紅等長期精心經營布局的重點地盤。

自「六四」後，政法單位就逐漸蛻變成江系權貴集團的家丁護衛，習近平雖然拿下了政法系的周永康、周本順、李東生、馬建、張越等人，但江派舊人還在，現任政法系統高層官員大部分仍是周永康舊部，包括：被指是曾慶紅表親的中共公安部長郭聲琨、最高檢察院檢察長曹建明和最高法院院長周強等。

這些江系勢力對反腐運動從骨子裡是抵制的，因此結黨營私，蓄意製造社會動亂，是法治建設的最大路障，也是軍隊之外對習近平最大的威脅。

中共政法系統長期被江澤民集團操控，不僅黑社會化，成為民怨的焦點和各種社會危機的導火索，也被認為是江澤民派系針對習近平陣營攪局所依賴的重要勢力。

近年來，傳媒披露，中紀委巡視組在地方巡視期間，曾遭到威脅、包圍、恐嚇等多種干擾。如 2016 年 8 月下旬，中紀委副書記黃樹賢以便裝到石家莊公幹，8 月 29 日下榻河北省委招待所 208 房間，先後遭到兩次暴力襲擊。第一次是以燃燒彈扔入黃樹賢住房，第二次是被冷槍攻擊。

在結束軍隊改革之後，2017 年以來，習近平開始對政法系統「動手術」，清理不執行政令的官員。外界關注，十九大前夕，習當局將加速清洗政法系統。

習近平要黨官上報私生子資料

2017 年 5 月 17 日陸媒報導，2 月份，中共中央辦公廳、國務院辦公廳共同公布《領導幹部報告個人有關事項規定》及《領導幹部個人有關事項報告查核結果處理辦法》。

新規定中提到領導幹部須申報個人相關事項的內容與種類更全面，「突出與領導幹部權力行為關聯緊密的家事、家產情況」。與 2016 年相比，新規定中增設「非婚生子女」一項，明確包括：領導幹部的婚生子女、非婚生子女、養子女和有撫養關係的繼子女。

報導稱，北京有些區委已要求處級或以上的官員需填表上報，將隨機抽查比率由 2016 年的 5% 增至 2017 年的 10%；中組部若發現有官員無正當理由地不按時申報、漏報、隱瞞資料，將移送至紀委處理。更會將典型案例通報曝光。

有評論指，當局增設「非婚生子女」這項內容，說明中共官員私生活不檢點、擁有私生子女情況普遍到近乎失控的地步。事實上，當今中共官場從上到下，貪腐淫亂，包養情婦、小三、有私生子，早已經是常態。

共產黨淫亂由來已久，從馬克思、列寧到毛澤東，無不荒淫成性。而中共到了江澤民時期，除了公然地以「貪腐治國」，江澤民更是「以身作則」，帶頭淫亂。

江澤民到底和多少女人有染，恐怕對其本人來說都是一筆糊塗帳。江澤民的淫亂醜聞中，除了眾所周知的宋祖英、李瑞英、陳至立及黃麗滿外，還在國外有情婦、嫖娼。

1999 年 12 月 17 日《新聞自由導報》第 302 期報導說，江澤民共有三子，長子江民康（綿恆）、次子江綿康，「養子」江傳康。「養子」江傳康其實是江的私生子，江傳康從未出現在江家的合家團圓照上。據說江傳康是上海「610」辦的負責人。

《開放》雜誌 2000 年 12 月刊也證實了這個消息。江澤民確實有私生子；從「江傳康」這個名字來看，還真有點讓人回味無窮。

如今習近平要官員公布私生子情況，是否也盯住了江傳康呢？

第三節

瓜分中國經濟
江澤民集團黑幕驚天

江澤民集團將國有大企業、國家財政搶歸黨有，近年來 118 家央企大都成了政府欺詐人民的斂財犯罪工具。（大紀元合成圖）

打著企業改制幌子瓜分「公有制」

2017 年 4 月，《大紀元時報》連續發表了梁木寫的 4 萬多字長文《江澤民集團瓜分中國經濟的驚天黑幕》，文章說：「縱觀朝代更替的歷史，沒有一家坐朝廷的敢似江澤民集團這般冒天下之大不韙，公然搶了天下人的財富，卻鬼使神差般地讓 13 億中國人眼睜睜看著屬於自己的財富被哄搶、被坐地分贓，竟悻悻然地乖乖就範。」

文章說，中國大陸搞的企業改制根本不是鄧小平「允許一部分人先富、先富帶後富，走共同富裕道路」的東西，而是江澤民打著鄧小平的幌子搞的「悶聲發大財」。鄧小平允許一部分廠長經理先富起來的改制受益主體，在江澤民手裡變成了中共131萬高官及其家族親屬配偶子女自己先富起來，同時，江澤民卸載了被鄧小平賦予的「先富」的那部分受益的廠長經理「帶後富」的責任和義務，使他們原本因為要兌現「帶後富」的責任和義務而以雪糕、乳酪、豆腐渣的價格從公有制企業拿走的金山銀山，都變成了自己的私有財產。

打著企業改制的幌子作惡，江澤民讓中國大陸1%的人掌握了全天下90%以上的財富。今天的中共已經蛻變成了一個由江澤民打造的黑幫，搞獨裁、專制、暴政、搶劫、貪腐、淫亂的流氓權貴利益集團。簡稱江澤民集團。

江用鎮壓法輪功來嚇唬下崗上訪者

為了愚弄百姓，江澤民拋售「三個代表」，直接用「我是流氓我怕誰」的嘴臉向被搶的中國人民放話：中華人民共和國是黨建的，965萬平方公里、56個民族和1949年以來創造的全部國家財富都是黨的，所以黨就能享受所有財富，這也是文化五毛的理論「財富創造者不一定收割財富」的出處。

另外，江澤民集團打擊崇尚「真、善、忍」的法輪功，用迫害法輪功學員嚇唬下崗工人和全國百姓，為暴政獨裁鳴槍鋪路。迫害法輪功的1999年前後，正值江澤民集團搶劫國有集體企業、瓜分國家資源的瘋狂時期，由於打著改制幌子公開搶劫的不公平性，造成當時每天全國各地都有成千上萬的下崗失業者上訪，暴力抗爭事件不斷發生，對此，江澤民如坐針氈。為維繫其搶劫犯罪所得、唬住下崗工人，江澤民想到了拿法輪功學員當墊背的。

可以說，用血腥鎮壓法輪功敲山鎮虎，為哄搶瓜分國有集體企業鳴槍鋪路，是江澤民集團瓜分國家資源的犯罪行為能得手並維持至今的關鍵。

放眼當今中國大陸，有多少下崗失業的工人農民，想維權卻不敢，因為所有的中國人都是眼睜睜地看著中共對主流社會的這群「打不還手，罵不還口」的法輪功學員極盡迫害之能，其「政治上搞臭，經濟上截斷，肉體上消滅」「打死算自殺」的血腥政策，讓下崗失業、被砸了飯碗的億萬中國人望而卻步。

江父子率先哄搶「公有制經濟」

上海聯合投資有限公司，係 1994 年由上海經委責成一位黃姓副主任創辦的。該公司總投資 1600 萬，整個創辦過程，黃姓副主任嘔心瀝血。但公司建成並開張三個月後卻發生了怪事：黃副主任被告知調回科委繼續作副主任，這間公司將被出讓。

由於整個公司都凝聚著黃副主任的心血，因此黃堅決不接受公司出讓決定，並強硬提出：如果出讓，我買。原來這間公司開張被江綿恆盯上，江澤民替兒子找了上海市委。上海市委授命科委搞出讓。當時儘管科委已經將底牌給黃看了，黃還是堅持自己買斷。

科委同意黃買斷，評估報價達到 1 億 3000 萬人民幣。上海市委沒想到，就是這個價格，黃副主任也同意買斷。

在這種情況下，上海市委斷然採取強制措施，將黃副主任趕出這間公司。爾後江綿恆空降。接下來，這間公司發生了兩件大事。其一，被強制趕出去的黃副主任暫時消逝了；其二，這間公司是按江澤民提出的價賣給江家的，報價300萬人民幣。

《開放》2012年5月號刊登了凌鋒的文章《黃奇帆為何一直未倒？江綿恆得到上億資產》中調查證實了，那位姓黃的上海市經委副主任，就是後來的重慶市長黃奇帆。

黃奇帆的公開簡歷這樣寫道：1993年1月任上海市浦東新區管委會副主任，1994年9月任上海市委副祕書長兼市委研究室主任，1994年10月至1995年5月借調中央辦公廳工作。這裡故意刪除了黃奇帆創立上聯投的經歷，但人們看到，在被江綿恆奪去上聯投之後的1994年9月，黃奇帆被提拔成上海市委副祕書長，並馬上被江澤民的狗頭軍師曾慶紅「借調中央辦公廳工作」，「調黃離山」後好讓江綿恆「趁虛而入」，用300萬買下一億多的投資公司，是典型的「空手套白狼」。

有分析說，黃奇帆在重慶跟隨薄熙來出事後，一直沒被中紀委查辦，背後的保護傘就是江澤民，因為一旦黃奇帆落馬，就會招供出江綿恆第一桶金的醜事。

江澤民帶領全黨動手搶天下

江澤民率先一搶，讓中共大小黨官都跟著瘋狂撈錢，以致曾慶紅為家族撈錢的黑手伸向了國有大企業。

曾慶紅的兒子曾偉，「空手套白狼」也肆無忌憚。他從銀行貸款7000萬買下山西一煤礦，然後請評估公司評估價值為7億5000萬，按此價，曾偉把煤礦賣給了魯能集團，還了銀行7000萬，淨賺6億8000萬；之後，曾偉用同樣方法操作數次，賺了33億，接下來，曾偉居然用這變戲法得來的錢，出資37億3000萬，買下了淨值 738 億 500 萬，實際價值超過 1100 億、甚至更多的魯能集團 91.6%的股權。

2006 年，由於工人造反、媒體爆料，使買賣流產。但匪夷所思的是：明明是曾慶紅伸手向魯能搶劫，最終竟變成了由魯能集團出資 85 億回購自己！

90 年代初，高幹子女雖壟斷了房地產、礦產、能源、金融及政府頒發特別經營權的壟斷性經營行業，但大都能夠按中共當時對壟斷行業的要求從事經營活動。從 1994 年江澤民父子搶了上聯投開始，壟斷行業的高幹子女們也都不守法了。到 2006 年，當高幹子女們都瞪大眼睛看著曾慶紅蛇吞象：用 37 億 3000 萬拿下 1100 億，被告發後，不但沒有受到處罰，反而獲賠 85 億，於是太子黨紛紛開始發飆。

江澤民控制的媒體大肆宣傳太子黨無所顧忌地瘋狂斂財，恰恰為江家幫搶、占、貪提供了有利的掩護。今天中國大陸，斂財最瘋狂的就是江澤民父子。

今天的中國大陸，架構江澤民集團所有的家族，資產沒有不過億的。甚至，似曾慶紅、羅干、劉京、李長春、周永康、徐才厚、劉雲山、張高麗等政治局常委家族，資產超過百億美元的都不算富。

江綿恆成了官商一體的縮影

1997 年 2 月，鄧小平去逝，7 月，江澤民就授意上海市委任命江綿恆為上海市冶金所所長。1999 年 11 月，江澤民親自任命江綿恆為中科院副院長（副部級）。不過梁木的文章說：「中科院證實：從任命到被習近平免職，中科院沒人見過江綿恆。然而，這個任命卻讓江綿恆有了斂大財的資本，成了官商一體的流氓大亨。」

「江澤民任命江綿恆中科院副院長，是對1998年7月，鄧小平代表（《中共中央向全體中國人民鄭重承諾》七條）之第一條：「懲治官商勾結腐敗」，第二條：「堅決制止高幹子女、配偶經商」規定的踐踏。等於向全黨、全國人民發出了一個信號，即從江綿恆被任命中科院副院長開始，共產黨的天下官商可以勾結，不僅可以勾結，而且官商可以一體。江澤民對兒子的這個任命，其實也是江澤民本人幹官商勾結、官商一體勾當的縮寫。」

為了江家能吃掉國家電信，江澤民絞盡腦汁，他先讓江綿恆以國有上聯投名義入股網通，然後再親自下令將中國電信一分為二，分為北方電信和南方電信，把北方電信十個省的國有固定資產白白送給網通，等於送給他的兒子。2008年江澤民再決定將中國聯通與中國網通合併，成立新的聯通公司，將大網通、聯通兩套人馬歸一，表面上，壯大了國企力量，實際上是將網通、聯通全部歸於江綿恆旗下，變成了江澤民家族企業。

有報導稱，作為全球最賺錢公司之一的中移動，多年來沒有將大量利潤上繳國庫，而是進了江澤民、江綿恆父子的口袋。中移動前副總裁、前網通總經理張春江，被指是江澤民、江綿恆的「白手套」（中間人）。張春江於2011年7月22日被判死緩，成為江澤民家族的替罪羊。

在上海灘，江綿恆通吃八方，上海灘所有的上市國企，江家都有股份，無論是中國網通（CNC）、上海汽車工業集團總公司、上海機場集團公司、宏力半導體、上海微創軟件有限公司、香港鳳凰衛視、上海過江隧道、上海地鐵等數十家上市國有大企業，江綿恆或副董事長、或董事，無一不是說了算的後台老闆、無一沒有乾股、無一不坐享其成，大把撈錢。

江澤民家族貪腐，幾乎遍及上海灘一切領域。除了電信，還涉及地產、工程建設、金融、醫療等諸多領域。近年來，中共多起轟動國際社會的重大貪污案都與江澤民家族斂財有關，如「周正毅案」、「劉金寶案」、「招沽權證案」等，都涉及到江澤民家族天文數字的貪污受賄、侵吞公款。

最可怕的是，江澤民把這些貪腐都稱為「合法腐敗」，他們把打著改制幌子搶下來的國有集體企業、國家資源，披上了合法外衣，定義合法所得。其實，這正是江澤民集團對國家民族人民犯下的萬千大罪之主罪。大陸今天的法律，都是法律痞子為江澤民量身制定，用來行凶、作惡、獲利、欺騙、麻痺中國人民的犯罪工具。

江下令央企不做國家審計 趁機貪污

如果說打著改制的幌子將國有中小企業、城鎮農村集體企業搶歸黨員幹部私有，是江澤民砸了中國人民的飯碗；那麼，將國有大企業、國家財政搶歸黨有，將中國人民剝離於國家財富之外，就是江澤民集團與人民為敵了。

在 2015 年中共政協會上，審計署副審計長、政協委員董大勝批露：大陸被中央直管的 118 家國有大企業，攏企業資產總值 35 萬億，已脫離國家審計。也就是說，江澤民下令，央企不需要國家審計，而由各家自己花錢僱用委託會計事務所做審計報告就可以了，這就給貪污腐敗提供了更多的機會。

董大勝介紹，脫離國家審計監督後，這 118 家國有大企業的人事安排、經營管理，都按江澤民的意願來黑箱操作。由於不接受國家監督，造成 35 萬億的國有資產失控，且大多數企業只虧損不盈利；尤其境外國企，資產總量 4 萬 3000 億，資產總額占比 12.5%，完全不受國家控制。

換言之，擁有國家 4 萬 3000 億資產的境外經營單位在江澤民集團的直接操縱下，其經營效益、業務管理與國家無關。可以說這些央企在境外究竟幹什麼？怎麼幹的？是贏利？賠錢？恐怕連今天的黨魁習近平都很少知道。

現實中，大陸民眾對江澤民集團控制的境外企業，知之更少，如 2007 年中航油 5 億 5000 萬美元巨虧案、2014 年中鐵承建沙特輕軌淨虧 41 億 4800 萬美元事件，都是被國際社會引爆，中共實在掩飾不住了才被迫公開的。

據海外媒體報導，近年來這 118 家央企大都墮落變質，其中一些關乎民生的企業成了政府欺詐人民的斂財犯罪工具。據 2015 年 2 月 21 日中共官媒人民網載文指，全國 75%的電表都被中國電力公司蓄意加快。

《羊城晚報》撰文說，在大陸居民付出的每 100 元電費中，只能用 70 元至 80 元的電，剩下的錢則被中國電力偷走。2014 年度統計，中國電力僅用這種辦法從老百姓口袋裡一年掏的錢，有據可查是 50 個億。這些行為和社會上的流氓，盜竊、搶劫沒有什麼兩樣。

10 萬億財政收入 5 萬億不敢公布

2009年7月，中國經營報發表了鄧聿文的文章《國富民窮，中國政府收入知多少》，文章說：「按照一般的說法，中國政府的收入至少包括這樣幾部分：一是稅收；二是土地收入；三是社保收入；四是彩票收入；五是國有企業上交的紅利；六是政府的收費和罰款。財政收入僅僅是指稅收以及納入政府預算內管理的土地收入和國企紅利等，如果後兩者沒納入預算內管理，也不算財政收入。

對一國政府收入的計算，有直接法、間接法和支出法三種測算方法，按直接法計算出的2007年中國政府的收入為10萬1600億元；按間接法計算的中國政府的收入是10萬2800億元；按支出法則是10萬8600億元，三者相差都不大。

根據這些計算結果，即使不考慮債務等收入，2007年中國政府收入也超過了10萬億元，比財政部公布的5萬1000億元的財政收入要整整高出一倍。」

梁木評論說：「這麼多的財政收入，中共隱瞞不報，目的就是不想讓老百姓知道、不想給老百姓用，為中共貪污打埋伏。」那些未公布的花銷，一方面，中共為搞獨裁需要，滿世界送禮、行賄、拉選票，每年撒出去的數千億美金，都是從這裡出。另一方面，供江澤民集團吃喝玩樂。據香港《動向》雜誌2015年5月號報導，2014年一年，僅中共已退休（部級以上）高官吃喝玩樂開支就超逾675億人民幣。」其中江澤民的享樂是最多最奢華的。2012年退休後，江澤民在上海一家酒店吃一次飯就超過237萬7000元，相當於34個中等收入職工一輩子的工資收入。

韋森根據中共中央電視台新聞聯播節目，找到了官方一些花錢方式，具體如下：給委內瑞拉250億；給厄瓜多爾75億；給巴基斯坦 460 億；給俄羅斯 318 億；給巴西 530 億；給緬甸 200 億，光這些加起來就是 1833 億，而得到的回報是什麼呢？是這些無良國家在聯合國人權會議上或其他國際組織中，替罪大惡極的中共獨裁投贊成票。

江用四分之一國家財力迫害法輪功

江澤民動用國家機器，迫害法輪功及維權群眾，每年耗費約四分之一的國家財力。圖為 2000 年 5 月 11 日天安門廣場遍布警察抓捕法輪功學員。（AFP）

每年中共收入了 10 萬億人民幣，但財政部只公布收入了 5 萬億，因為有 5 萬億的花費是無法公布的，都用在不該用的地方了，其中最大的花銷去處，是江澤民從來不敢公布，甚至在中共黨內也是絕對「機密」、甚至連胡錦濤、習近平都不知道的是：江澤民把國家財政收入的四分之一都偷偷地用在鎮壓法輪功上了，也就是說，每年 2 萬 5000 億花在迫害法輪功了。

據北京高層消息，江澤民為鎮壓法輪功全面動用了外交、武警、國安、軍隊、國務院行政系統、黨務系統、財政系統等相關所有的資源和人力，胡錦濤接班後，發現江當政時鎮壓法輪功牽動的層面之廣、規模之大令人瞠目，所投入的巨大財政資源已讓國庫不堪重負。朱鎔基卸任之際，看到真實的財政報告後，兩次哭暈。據說，江澤民每年動用國庫鎮壓法輪功時，直接從時任稅務總局局長金人慶手中劃撥，連朱鎔基都不知情況的嚴重程度。

後來，胡溫成立中央特別調查組對江當政時在鎮壓法輪功上的財政資源投入情況進行了祕密摸底，發現鎮壓最高峰時期（1999 至 2002 年）的財政資源消耗高達約中國國民生產總值一半的社會綜合資源，一般時期也使用了三分之一到四分之一的國家財力。

比如，專門鎮壓法輪功的員警及「610 辦公室」人員達數百萬，每年開銷據達上千億元人民幣；攔截、抓捕去北京上訪的上千萬法輪功學員，每年都上千億，單單一個以迫害法輪功為主要任務的政法委的年公開維穩費用就已經達到 7000 億。2001 年投入 80 多億安裝監控法輪功學員的監視器，以及在全國建洗腦中心或基地；2001 年公安內部透露，維持天安門搜捕法輪功學員的開銷為一天 170 萬至 250 萬，一年 6 億 2000 萬至 9 億 1000 萬元；為防止中央電視台的節目被再次插入法輪功真相畫面，中共花費 10 多億元將衛星無線傳播改為光纜傳播；在網路方面，中共耗資 200 多億實施金盾工程，研發資訊過濾軟件。除了幾十萬監控網上資訊的網路員警，還要收買網路信息員（五毛），數百名毛左文人，還有專門攻擊海外網站的駭客部隊，以及給那些舉報、折磨法輪功學員者發獎金等。

同時，中共向國外派遣大量特務到海外開展詆毀法輪功的活動，僅澳洲特務人員就達上千名；向發展中國家提供大量無償經濟援助以換取在聯合國人權會議等場合對中國人權記錄進行譴責的動議投反對票；以直接控制、使用金錢影響與中國有商業往來的獨立媒體、購買播出時間和廣告時段、利用政府人員任職於獨立媒體等手段影響和控制西方發達國家中文媒體。這些每一項都是上萬億人民幣的花銷。

拿股票騙百姓錢財

20世紀90年代，中共為解決國企虧損，效率低下，產品積壓，資金鍊斷裂等一系列政府無力解決的問題，就想到了開拓股市金融資本市場，讓問題國企上市淘金。

wind 數據統計顯示：截至 2017 年 3 月 1 日滬深兩市共有 3118 家上市公司，其中國企上市公司 1001 家，從 2013 年至 2015 年的業績看，1001 家國企上市公司中有 729 家上市公司不同程度負增長，表現不佳。這說明江澤民集團即便是將問題國企包裝上市了，依然解決不了公司業績問題。

問題國企上市，本身就是個破壞股票市場資源有效分配屬性的敗筆，但江澤民不懼。為使國企能順利上市，江澤民在位期間搞「指標配額制」，即將股票發行權從滬、深兩市收歸到中央，由中央操盤，按系統分配給各部委若干上市指標，然後再下分到國企。在國企紮堆上市過程中，銀行和財政將原本給予的貸款和撥款先變成債權，而後變成股權，再在股市上拋售給股民，即拿股票這張借條，把老百姓的錢熊到股票市場上，然後讓老百姓在股市上炒紙（股票），而老百姓投入股市的錢則被國企拿去補企業資金的窟窿了。

股市制定政策的機構是中共證監會，操縱個股的是機構投資者。這兩者，在西方股市是貓和鼠，在大陸股市就是夫妻。在中共現行政治制度中，證監會、券商、機構投資者、仲介機構、大眾輿論是一體，利用股票公開掠奪股民財富。從 2007 年到 2014 年，七年間 A 股總市值累計蒸發 23 萬 1900 億。這些財富絕大部分被國有企業圈走。

第十一章

習占絕對優勢
與江派短兵相搏

2017 年 5 月 27 日北京市市委書記的更換底定，在此之前，25 省（市、自治區）也已更換完畢。新任的一把手，絕大部分被視作習陣營之人，而被更換的，幾乎全依附江派。此波人事變動後，習已占絕對優勢。

在越演越烈的反腐「打虎」風暴中，從運動式到制度式打貪，習近平距離正式調查江澤民僅差一步之遙。（AFP）

第一節

江死訊頻傳 習與江派短兵相搏

2014 年 9 月 9 日，中共外交部發言人華春瑩在當天例行記者會上，被問到江澤民死訊傳聞是否屬實時，她表示：「無法證實」。（大紀元資料室）

江澤民的三次「死亡」

2017 年 5 月 8 日，從香港媒體開始，法國媒體、美國中文媒體紛紛報導，江澤民 4 月 17 日傍晚在散步時再次中風，入住上海華山醫院，隨後微信上又再次瘋傳江死訊，包括具體時間：「老江 9:02 分走了。消息還在封閉，留意今晚的新聞聯播。」結果，新聞聯播連續幾天並沒有任何有關江本人的消息。

5 月 9 日，曾任台灣國防部副部長的學者林中斌（Chong-pin Lin）在私人 Facebook 發帖稱：「據多重來源指出，江澤民半身癱瘓已有數天。昨日（5 月 8 日）一度過去，但被急救回來。所餘時間應已不久。」

台灣著名政治學者明居正分析說，江澤民的活過來了，很可能類似當年的鄧小平。鄧 1997 年 2 月死去，但早在 1994 年 10

月國慶之後不久，鄧就住院了，後來病情越來越重，靠呼吸機維持生命，跟植物人差不多。但就算是植物人，鄧家也拖了二年多的時間，最後才宣布死亡。

明居正預測，這次江派也會竭力讓江澤民這樣「活」下去。

屢傳病危不治、死了又活過來的江澤民，這已經是第三次「死亡」了。

最著名的一次是 2011 年 7 月 6 日下午 6 時，香港亞視新聞獨家報導江澤民病逝，全世界都驚動了。不過亞視並非獨家，6 日中午已有《山東新聞網》以大字標題報導江澤民逝世消息，只是隨即被撤。

據說那次江澤民是因為貪吃野生甲魚，被甲魚體內的寄生蟲感染，差點一命嗚呼。《新紀元》周刊此前報導過獨家新聞，江的這次詐死消息，是胡溫陣營的人故意放風出來的，想試探下國內民眾和國際社會的反饋，結果大陸很多地方的百姓放鞭炮來慶祝江的死亡，人們太討厭江了，恨不得他早死。

第二次是 2014 年 9 月 9 日，中共外交部發言人華春瑩在當天舉行的例行記者會上，被媒體問到江澤民死訊傳聞是否屬實時，她表示：「無法證實」。該次死訊來源於 8 月 30 日日本《東京新聞》的報導，江澤民在 8 月上旬因為舊疾惡化，病情相當嚴重而住院急救。只不過這次不是「病從口入」，而是「精神受到相當大的打擊」。報導稱，江澤民一直反對調查周永康，但在習當局 7 月 29 日立案查處周之後，江澤民的身體不支，緊急入院。

8 月 14 日《紐約時報》以斗大標題：「After Tigers and Flies, Now a Spider:Jiang Zemin」（繼老虎和蒼蠅後，現在輪到蜘蛛江澤民）為題的大篇幅報導中，指出習近平反貪層級愈拉愈高，打完「蒼蠅」及「老虎」，這次矛頭指向「蜘蛛」——江澤民。

文章稱，江澤民雖然退休多年，但透過其以往黨羽心腹，在黨政軍以及商業界依舊維持影響力。報導引述分析家評論指出，習近平認為，要改變根深蒂固的腐敗和經濟既得利益，江澤民以往 20 多年的綿密人際網絡必須被清除。

言外之意，江澤民就是腐敗的核心，就像蜘蛛一樣，各個腐敗網絡最後都歸到江這裡，江澤民就是中共腐敗的總教練、總核心。

江派竭力宣稱江沒死

2017 年 5 月 9 日，一海外網媒稱：「江澤民一名親屬的祕書今天對我們表示，海外媒體聲稱的『江澤民病危正在上海華東醫院搶救』的言論是造謠。」5 月 10 日下午，上海市實驗中學舉行校慶時、校長徐虹透露江澤民曾「親自」致電學校。該學校校名由江澤民題字。還有消息說，江澤民的兒子江綿恆在美國露面，以此來證明江澤民沒死，否則江綿恆應守在靈堂裡。

不過，這些想證明江澤民沒死的消息，都經不起推敲。江綿恆早就被限制出境了，那條新聞沒有寫出時間，很可能是幾年前的舊聞了。上海市實驗中學只在微博上發出，並無大陸媒體報導。江病危傳聞傳得沸沸揚揚之際，江卻仍不露面，只能「打電話祝賀」，反而令他已「癱瘓」或已經病得死去活來的傳聞有了很高的可信度。有人搞笑說：「那個『電話』是我打的」、「江澤民身體很好，他剛給我打了電話」。

江澤民上次公開露面，已是一年半的 2015 年 9 月出席北京抗戰勝利70周年大閱兵，且當時從相關畫面可看到，江當時已站立不穩，須在其他人的攙扶下才能登上天安門城樓。

很多人認為，江已經是隨時都會死的人了，絕對是兔子的尾巴——長不了。江澤民每次傳出死訊，除了一次官方開口澄清之外，每次幾乎都會以「露面」「露名」的方式間接現身媒體，裡應外合，澄清死訊。

江每死一次 百姓就罵他一次

每次傳出江澤民死亡的消息，網上民意都是一面倒的歡呼慶祝，並藉此把江澤民的漢奸身世、出賣國土、鎮壓「六四」學生、迫害法輪功、垂簾聽政、黨政軍大老虎總後台、江家父子貪腐第一等等罪行抖露一番。

2014年網上還熱傳一段署名為「江澤民被帶走調查」的影片，顯示出雖然人們巴不得江澤民以死謝罪，但就這麼病死也太便宜他，應該要讓國際法庭審判他。江澤民可以說是中共歷任黨魁中最被人痛恨的一個。尤其是自他鎮壓法輪功以來，不僅屢次被民眾告上法庭，被人們將其頭像踩在腳底下痛罵。

2004年7月1日香港53萬人參與的「七一」遊行隊伍中一個別開生面的活動——「踩江」。（大紀元）

特別是2015年習陣營公布「有案必立」

之後，最高檢察院、最高法院收到 21 萬份控告江澤民的起訴書，隨時可以開庭審判江澤民，這令江派恐懼不已。

前中國人民大學教授冷杰甫表示，今後必須清算江澤民的六筆帳：第一，「六四」大屠殺；第二，盜賣活人的器官，令人毛骨悚然；第三，屠殺少數民族；第四，腐敗；第五，吃喝嫖賭搞女人，上行下效；第六，江是賣國賊，出賣國家土地。

上海著名律師鄭恩寵也表示，這麼多人控告江澤民應該說是大勢所趨，應該說是歷史的必然，體現出整個中國大陸形勢的根本變化。大陸好多法學教授也在法律層面上做訴江準備。

只有倒習聯盟最在意江的死活

有評論說，江澤民確實是一年不如一年，2011 年那次病危，還有上海市委官員叫囂說，江澤民定下的十八大大盤，胡錦濤、溫家寶動不了，如今適逢十九大召開前夕，這次有北京紅二代公開表示，江澤民死活其實一個樣，江起不到任何作用了。

為何每次總有一股勢力在配合為江澤民澄清死訊？已故中共大將羅瑞卿的兒子羅宇分析說，目前中共的政體裡，還有一部分勢力，「這些人，不希望江在這個時候就死了，但是江，反正岌岌可危吧。」他認為，其實江澤民現在死不死，對中國的政局沒什麼影響，「他死了，也是這樣子，沒有死也是這樣子」。

羅宇表示，對於習近平來說，並不在意江澤民的死活。最在乎江澤民的是「倒習聯盟」。羅宇將體制內所有貪腐的人形容為「倒習聯盟」，他說：「所有貪腐的人，都不會贊成反貪腐的，所以從心裡面來講，他就是倒習聯盟的人。倒習聯盟實實在在存在，習近平心裡面也清楚。」

他認為，習近平現在已經控制了整個大局，只是中小局還沒完全控制。「倒習聯盟」發放這些信息，只不過想給自己打打氣。他說：「這些人，發點消息，說他還沒有死，給自己打打氣，實際上對十九大，影響不了任何事情。」

羅宇又提到習近平目前考慮的可能是如何處理江澤民的身後事，如何處理他死後落葬之事。他認為，習近平處理江澤民的死可能有幾個層次，一個就是在悼詞中不公布江澤民的過錯和罪狀，那麼江澤民犯下的反人類罪，涉嫌賣國、出賣領土等就會一筆勾消，如果這樣處理，習近平不給跟江澤民算帳，會令社會各界很失望。

第二就是，在悼詞中也說一些官方套話，然後評論江犯了很多錯誤，但不把錯誤連繫起來，那國內的民主勢力認為，習近平還有小小進步。

第三就是，如果在悼詞中，比較詳細羅列鎮壓法輪功，活摘人體器官，這都屬於非常嚴重的罪行，如果能夠具體公布。羅宇說：「那大家就會覺得，死了起碼還把這件事情澄清，比剛才籠統說一句有錯誤，就更進步。」

江派兩大放風攻擊王岐山和劉鶴

2017 年 5 月 8 日，江派在江「死訊」熱傳聲中，先透過海外網站放了一個獨家假消息，稱「王岐山退休已定，有多個消息來源對我們表示，韓正十九大將接替王岐山出任中紀委書記」，還說「政治局常委及政治局的『多數』已控制習近平，退休的原政治局委員在十九大人事布局上起的作用已越來越大。」

5 月 9 日，江派再次在海外放風，說「1952 年 1 月出生的劉鶴目前已捲入到『金融反腐』相關醜聞，一名常見到他的人士對我們表示，劉鶴很清楚權力鬥爭的風險，已到退休年齡的他會退休。」

很明顯，這兩個都是假消息。習近平依仗王岐山反腐，王岐山不但不會退休，還會進入十九大常委，詳情請看新紀元叢書《王岐山十九大留任新職》。

4 月 26 日，中共 2017 年全國經濟體制改革工作會議在京召開，劉鶴首次以「中央經濟體制和生態文明體制改革專項小組組長」的身份現身並講話。已經是發改委副主任、中央財經領導小組辦公室主任的劉鶴，這個新身份表明了習近平對他的重視，劉鶴將負責中國經濟體制的改革，這麼關鍵的人物，怎麼可能退休呢？

反過來看，江派媒體放出這樣的假消息，說明他們真的是害怕了，真的是喪失理性的亂咬亂叫了。

江派利用股市製造混亂 令習難堪

2015年8月前後的北戴河會議前夕，大陸出現了罕見的股災，令習陣營執政非常難堪。《新紀元》周刊報導說，當年 6 月到 8 月間的重大股災，是江澤民、曾慶紅、劉雲山等多個江派家族涉嫌參與做空股市。

如今 2017 年 4 月以來，大陸股市再次出現大跌。5 月中旬，A 股近來持續下跌，滬指連續 19 天低開創紀錄，當時美國、歐洲、韓國、香港股市都連創新高，唯有大陸A股「千股跌停」。有股民感嘆此次「不是股災勝似股災」。有數據顯示，從2015年股災至今已經有超過60%的投資者離場。

從2015年5月12日到2017年5月的兩年間，大陸A股市值蒸發超過20萬億元人民幣，這還沒有計算期間新上市公司帶來的4萬多億元的市值，而股民人均虧損了16萬元。

有評論說，「北戴河會議前對壘的山頭攤牌了，有人想利用經濟問題反制習」。報導還稱，有傳聞稱，江曾的勢力想藉股市反制習，弄掉習近平的智囊劉鶴等人，甚至阻止習進一步反貪。

財新網曝光聯通造假 盯住江綿恆

面對江派的一系列挑釁動作，習近平陣營也開始反擊，一場短兵相搏開始了。

2017年5月17日，經常充當習反腐先鋒的財新網，曝出中國聯通4月11日的內部通告，內容有關陝西聯通利用虛擬現金交費等方式進行業績造假的行為，涉及70多名員工被查，包括中共陝西聯通黨委書記、總經理謝國慶。文章稱，4月10日，中國聯通董事長在內部說，陝西聯通5年造假18億。

另據大陸媒體消息，中國聯通在企業改革中，只說不做，2014年至今沒有具體的實施方案。中國聯通19日發布公告，其4月份4G用戶數目比3月份減少24%，本地電話用戶減少46.3萬戶。

5月18日，中國聯通香港股價出現大跌，收跌3.21%，盤中最大跌幅達3.6%。15日中國聯通發布公告稱，已經從4月5日開始停牌，而且從 5 月 16 日起繼續停牌兩個月。

熟悉中共官場的人都知道，中國聯通是江澤民之子江綿恆一手掌控的。江綿恆被稱為中國第一貪。這次財新網曝光聯通的醜聞而沒有被江派阻撓擋住，這就是習近平要動江澤民的一個標誌。

習、曾慶紅都不希望江此時死去

中共全國代表大會一般於 9 月至 11 月間召開，歷時七天。比如十八大召開時間是 2012 年 11 月 8 日至 14 日，十七大是 2007 年 10 月 15 日至 21 日，十六大是 2002 年 11 月 8 日至 14 日，十五大是 1997 年 9 月 12 日至 18 日，十四大是 1992 年 10 月 12 日至 18 日。預計十九大可能在 2017 年 10 月後召開。

中共全國代表大會的日程也大同小異。如十八大的日程是，2012 年 5 月至 6 月，中共中央召開了黨員領導幹部會議，就可新提名為中央政治局及常委會的組成人員預備人選進行民主推薦。當時的 400 多個中央委員、候補委員和有關負責人員，都領到一張橘紅色的民主推薦票，內有一張按姓氏筆畫排列的近 200 人的名單。這些人都是符合預備人選條件的正部長級官員和軍隊正大軍區職幹部。

不過，中共的所謂民主推薦都是假的，比如上次劉雲山得票非常低，但最後還是被江澤民塞進了政治局常委。

7 月、8 月，中共現任和前任領導人前往北戴河辦公和休假期間，會對政治局及常委會名單，以及央地重要機構地區主要負責人人選進行討論。不過「北戴河會議」被取消之後，一些退休領導人意見的參考性很難完全排除，但其影響力相對更為有限。

9 月下旬召開的政治局常委會將正式研究新一屆中央領導機構人選的建議名單。10 月初，政治局會議將審議這份名單，通過後再提請中共 19 屆一中全會和中紀委第一次全會分別進行選舉、通過、決定。在十九大之前的這些議程或將在很大程度上拍板中共高層人事未來五年新班底。

根據目前的局勢，明居正分析說，十九大前夕，無論是習近平陣營，還是以曾慶紅為主來搞策劃的江派，雙方都不想江澤民現在死去。對習來說，假如現在江死了，曾慶紅眼看自己也快完了，很可能會拚死一搏，這令習想平穩、平安開完十九大帶來極大風險，而對曾慶紅而言，只有江多活一天，他就多一道保護牆。

從整體來看，從現在 5 月到十九大召開，中間有三個關鍵的時間段，從這些時間段發生的事，就能分析出雙方的力量對比，並對十九大的人事安排做出推斷。

第一段就是從現在到北戴河會議前，第二段就是從北戴河會議後到七中全會之前，第三段是從七中全會到十九大召開。

按照以往，18 屆七中全會應在十九大前一周多召開，對外將討論通過中共 18 屆中央委員會向第 19 次全國代表大會的報告，以及《中國共產黨章程（修正案）》，並決定十九大召開的時間和地點，其實中共高層內部，這時已經定下了未來五年的人事安排。

在這三個關鍵時間段，習江雙方更多的短兵相搏就會不斷升級，直到最後達成一個平衡妥協方案。

第二節

上海法梟被定為典型 習想收回被江賣國領土

5 月 25 日，江派「上海幫」重要成員、中共上海市前檢察長陳旭被立案審查。官方通報措辭嚴厲，可見其罪責嚴重。（新紀元合成圖）

落馬的上海前檢察長被當反面典型

2017 年 5 月 25 日，落馬 85 天的上海檢察院原檢察長陳旭被立案審查，中紀委在通報中列舉了陳旭存在的五方面的「違紀」問題，並指其嚴重損害司法公信力和社會公平正義，性質惡劣、影響極壞，係中共「十八大後仍不收斂、不收手的典型」。

大陸《法制晚報》評價說，被描述為「不收斂、不收手」的大老虎以前也有過，但被稱為「典型」的，目前僅有陳旭一人。

公開資料顯示，陳旭在上海政法系統工作長達 28 年，法院、政法委、檢察院都曾任職過。2008 年出任上海市檢察院檢察長，直到 2016 年 1 月 26 日離職。

2017年3月1日，陳旭落馬，成為中共上海政法系統「首虎」，也是繼上海市委前常委、副市長艾寶俊之後，上海落馬的第二名省部級官員。據報，陳旭在上海政法系人脈廣泛，能量巨大，當地人稱其為上海灘「頭號法梟」。

陳旭是江派「上海幫」中的重要成員。從吳邦國、黃菊、陳良宇，到韓正、楊雄，包括陳旭，這些不同職務的要員，都是江澤民大大小小的馬仔，按上海地方話說，是江的「蟹腳」。

因「四證人離奇死亡案」被舉報

據知情人透露，陳旭被查的起因，是香港商人任駿良實名舉報陳旭涉「四證人離奇死亡案件」，並導致任駿良公司的 20 億財產被一夥政法內部人士巧取強奪了。由於涉及四條人命，有人說，一旦核實，陳旭會判死刑。不過這次中紀委公布的五條罪行中，沒有提到這個命案。

事件起因在 2001 年，上海裕通房地產有限公司董事長任駿良長期控制上海萬邦中心大廈的大產證。上海萬邦中心大廈在拍賣時，法院搞了司法舞弊，時值 8 億元人民幣左右的大廈被以僅僅 2 億元人民幣的價格拍賣給了一家公司，舉報人稱，該公司股東全部都是法院執行庭家屬。

此後十年，該公司一直將上海萬邦中心大廈一直租給中信銀行。而中信銀行也是前述 2 億拍賣資金的提供者。上海法院就發函給房地產中心，另辦出產證，並在 2013 年以 20 億元人民幣的價格將該樓轉讓給國泰君安。

也就是說，上海法院的家屬從任駿良的物業拍賣中得到了 20 億人民幣。對此最高法院發文要求糾正，上海一中院竟以案卷丟失，相關辦案人調離或死亡回復。

2006 年秋，最高檢反貪總局成立專案組進上海專門調查此案，本案的執行員上海虹口區法院法官范培俊和上海一中院法官潘玉鳴都是分別在接受最高檢專案組問話後，當天晚上接受私人宴請，第二天橫死在家中。兩法官親屬在事後均不知所終，本案其他承辦法官在此案後都已離職，多名做過法醫、上海的律師認為毒殺潘玉鳴和范培俊的直接凶手就是同一人。

潘玉鳴、范培俊死亡一個月後，因此案接受最高檢反貪總局調查詢問的上海華星拍賣公司總經理王鑫明夫婦，在徐匯區上海南站附近的麥克花園別墅家中被殺害，家中壁櫥裡 7000 萬存摺和 300 萬現金分文未動。王鑫明在遇難前，多次公開提醒上海高院並向公安報警稱有人想殺他，卻無人理會。事後上海市公安局徐匯區分局刑警隊說此案是流竄作案而將案件高掛不破。

陳旭曾是江澤民侄兒吳志明的助手

據說對陳旭的公開舉報，從上世紀 90 年代就已經開始，除了上述血案，陳旭被指還涉入多個上海大案，包括社保案、陳良宇案、周正毅案等，但在一封封舉報信中，陳旭這個「上海政法界不倒翁」卻一路官至省部級。

據知情者披露，陳旭的保護傘就是江澤民的上海幫。陳旭與落馬的前上海市委書記陳良宇關密切，而且與江澤民的侄兒吳志明是上下級關係。

陳旭曾是政法委書記吳志明的第一副手。上海維權律師鄭恩寵透露，陳旭之所以一路高升，是因為他任市第一中院院長時，靠著從輕處理與江澤民之子江綿恆有關的周正毅案和整治鄭恩寵，而在 2002 年被提拔任上海市政法委副書記，成為吳志明的副手。其後被時任上海市委書記的陳良宇看中，提拔為上海市委副祕書長，專門做上海第三號人物劉雲耕的祕書。

鄭恩寵認為，陳旭在十九大之前出事，也釋放出「上海幫」徹底瓦解的信號，這是習當局爭奪上海控制權、主導權的一個前哨戰。

習王反腐打進上海灘

熟悉中國官場的人都知道，上海幫是最貪腐的，但習近平陣營從 2012 年開始反腐之後，上海的反貪腐行動總是推動不下去，打下去的也大多是蒼蠅蚊子，真正的大老虎卻沒有拿下。

2015 年習近平在第 18 屆中紀委第五次全會上的講話，指有的人「居高臨下、當『太上皇』、手伸得老長」，外界認為這是高度影射江澤民。

2015 年 11 月 10 日，上海首虎、副市長艾寶俊落馬。從 2016 年伊始，中紀委網站連發數篇習近平嚴厲警告的講話。2016 年 1 月 9 日刊文「習近平：有人已經到了肆無忌憚膽大妄為的地步」。10 日刊文「有些事情在政治上是絕不能做的，做了就要付出代價」。11 日文章更是痛斥「有的領導幹部把自己凌駕於組織之上，老子天下第一」。

陳旭的落馬也早有預兆，2016年初，陳旭的兩名下屬先後落馬。

2016年1月7日，上海市檢察院檢察委員會原專職委員季剛被調查。因辦理過大量在上海乃至全國都頗有影響力的大案要案，季剛在當地政法圈被稱為「上海灘公訴總教練」。季剛被查19天後，也就是2016年1月26日，陳旭卸任上海市檢察院檢察長。

兩個月後，陳旭的另一名下屬汪康武被查。上海高院一名退休法官透露，汪康武落馬後不久，陳旭被中紀委召到北京配合調查。

該退休法官還表示，這三人關係密切，從小事就可見一斑。2008年，陳旭第一任妻子患癌症去世，辦理喪禮的各項費用經汪康武出面，由上海某律所主任埋單。陳旭的第二任妻子，也是在汪康武的牽線搭橋下，進入上海某律所當律師。

目前在上海政法系統，因涉陳旭案而被調查的人數已超過百人。外界認為，這是習近平抓捕吳志明、瞄準江澤民家族的一個信號。

揚州高官被查 江老家再遭清洗

就在陳旭被中紀委立案審查的前一天，2017年5月24日，江澤民老家揚州的官場再度被清洗：中共江蘇省揚州市前政協副主席倪士俊涉嫌「嚴重違紀」被審查。

公開資料顯示，倪士俊1992年5月任邗江縣公安局副局長，2004年1月任江都市委副書記、市長；2006年12月起，任江都市委書記；2012 年 6 月，任揚州市政協副主席。

據海外的明慧網報導，倪士俊任江都市委書記期間，被列入涉嫌迫害法輪功的責任人名單。江都市「610」辦公室、江都市公安局國保大隊、江都市政法委等部門對法輪功進行殘酷迫害，對法輪功學員非法迫害、勞教、判刑及關洗腦班等。

近年來，江蘇腐敗窩案被引爆，「江蘇幫」官員頻頻落馬。據悉，人數僅次於 2014 年發生塌方式腐敗的山西官場。江派官員、江蘇省省省委書記羅志軍未到 65 歲提前卸任，轉任人大閒職。2015 年被判刑 15 年的前南京市長季建業，曾在揚州主政八年之久。他是前中共黨魁江澤民的心腹，被稱為江澤民老家的「大管家」。

季建業從崑山書記調任揚州，是江澤民親點的。據悉，他在任崑山市市委書記時，曾給江澤民之子江綿恆送了兩塊大地皮從而攀上了江家。2005 年，江澤民下台後第一次返鄉時，季建業陪在江身邊鞍前馬後伺候。

此外，前南京書記楊衛澤、江蘇省委前常委兼祕書長趙少麟、江蘇常務副省長李雲峰等省部級「老虎」先後落馬。另外，出身「江蘇幫」的雲南省委副書記仇和與遼寧前省委書記王珉先後於 2015 年及 2016 年「兩會」期間落馬。

不過，最讓江澤民害怕的是，習近平抓住江的賣國行為開始行動了。

習想收回領土 江澤民賣國引關注

據自由亞洲電台報導，總部位於莫斯科的「歐亞每日新聞」

2012 年習近平上台後，非常氣憤江澤民的賣國行為，地圖黑色部分是被江出賣的中國領土。（大紀元合成圖）

網在 2017 年 5 月 19 日報導，俄文媒體正在紛紛轉載一篇題為「中方向塔吉克斯坦提出領土要求」的文章，稱中國和塔吉克斯坦之間再次就領土問題出現爭論，不排除塔方可能不得不再次向中方交出部分領土的可能性。

此前，《新紀元》周刊曾公布江澤民賣國的歷史資料，江在沒有任何外界壓力的情況下，簽署協議向鄰國出賣了大量的中國領土。其中，江澤民在 2002 年與塔吉克斯坦簽訂協議，割讓靠近帕米爾地區 2 萬 7000 平方公里的土地，使塔方拿到了 96.5% 的有爭議領土。

2012 年習近平上台後，非常氣憤江的賣國行為，2013 年中塔之間的領土爭論就開始了。如今中方專家正在進行歷史研究，證明這些土地自古就是屬於中國的。據說那片有爭議領土上有著豐富的金礦和各種礦藏。

除了塔吉克斯坦，江澤民還將大量中國土地割讓給俄羅斯。

1999 年，江澤民同俄羅斯簽訂協議，把中國 100 多萬平方公里的領土，相當於東北三省面積的總和，也相當於幾十個台灣拱手送給俄羅斯。更為驚人的是，2002 年江澤民為討好俄羅斯下令邊防軍後撤500公里。

上述報導還稱，俄羅斯社會也充斥著「習近平威脅論」，他們認為「中方早晚會對俄羅斯提出歸還被強占領土的要求」。

第三節

習清洗軍隊 89 將軍入獄 熊光楷危在旦夕

中共前軍方副總參謀長熊光楷是江澤民在軍隊中的「最愛」之一，被指應為軍方情報系統的混亂及腐敗等承擔責任。（新紀元合成圖）

清洗郭徐餘毒 江老部下熊光楷危殆

2017 年 5 月 19 日，中共官方媒體刊文稱，一年前，中共軍委紀委十個派駐紀檢組進駐軍委機關部門和各戰區。文章提到，派駐紀檢組在各派駐單位的主要工作是清除郭、徐餘毒影響。

文章稱，駐軍委國防動員部紀檢組就先後對 27 批次、1130 多名正師職以上幹部任免、晉銜等進行審核。各派駐組一年來，僅核查處理軍委紀委交辦、巡視與審計移交的問題線索就達 40 餘件。

據海外網路媒體報導，中共前軍方副總參謀長熊光楷雖已生病，但其面臨被審查。這名前軍中情報頭子被指應為「以商養情」

的軍方情報系統的混亂及腐敗等承擔責任。

報導說，當年，熊光楷靠前中共外交部長姬鵬飛升為軍方情報系統第一號人物。但江澤民上台後，熊主動舉報姬的長子、時任總參情報部常務副部長姬勝德。最後姬鵬飛憤而自殺。

還有報導說，1999 年在曾慶紅的策劃下，江澤民利用熊光楷與姬勝德之間的矛盾，以姬捲入了「賴昌星案」為由將其治罪。當年 6 月，由軍紀委書記周子玉、熊光楷對姬宣布逮捕。

據報，熊光楷是江澤民在軍隊中的「最愛」之一。在江時代，熊於 1993 年被授予中將軍銜，2000 年再被授予上將軍銜。

此外，近年來，長期擔任江澤民祕書、中共總政部副主任賈廷安不利的消息也頻傳。

中共十八大後，習近平當局在軍中大力推動反腐，江澤民的親信徐才厚、郭伯雄先後於 2014 年、2015 年下台。同時，習當局對軍隊進行改革，清洗了大批江派將領，並安排自己信得過的將領擔任要職。

最新時政段子集：監獄將軍級新兵連 89 人名單

大陸網友把已經被關進監獄的將軍級別的 89 人，按職位和軍種，以新兵連花名冊的方式做了個總結，令人搞笑，同時也令人深感江澤民把中國軍隊徹底搞垮了。

連部（9 人）

連長：郭伯雄，上將，中央軍委副主席

指導員：徐才厚，上將，中央軍委副主席

副連長：王建平，上將，原武警部隊司令員

副指導員：田修思，上將，空軍政委
司務長：谷俊山，中將，總後勤部副部長
文書：董尤心，女，少將，總參謀部信息化部副部長
通訊員：姬德勝，少將，總參謀部情報部長
衛生員：高小燕，女，少將，信息工程大學副政委
駕駛員：周國泰，少將，總後勤部物資油料部副部長

一班（10 人）

班長：楊金山，中將，成都軍區副司令員
副班長：張貢獻，少將，濟南軍區政治部主任
戰士：張鳴，少將，濟南軍區參謀長
戰士：張祁斌，少將，濟南軍區副參謀長
戰士：姜中華，少將，海軍南海艦隊裝備部長
戰士：汪玉，少將，海軍南海艦隊裝備部長
戰士：王信，少將，武警交通指揮部政委
戰士：沈濤，少將，武警工程大學校長
戰士：于鐵民，少將，武警江蘇總隊司令員
戰士：蔡廣遼，少將，廣東省公安廳警衛局長

二班（10 人）

班長：王久榮，中將，第二炮兵副司令員
副班長：于大清，中將，第二炮兵副政委
戰士：朱新建，小將，軍委科技委專職委員
戰士：程杰，少將，海軍北海艦隊副參謀長
戰士：孫晉美，少將，海軍北海艦隊航空兵副司令員
戰士：陳強，少將，第二炮兵五十五基地副司令員
戰士：吳瑞忠，少將，第二炮兵工程大學副政委

戰士：段天杰，少將，國防大學政治部副主任

戰士：陳劍鋒，少將，廣州軍區聯勤部副部長

戰士：夏沈白，少將，北京軍區聯勤部副部長

三班（10 人）

班長：肖懷樞，中將，蘭州軍區副政委

副班長：尹志山，少將，公安部警衛局副局長

戰士：郭順，少將，公安部邊防局副局長

戰士：劉元祥，大校，河北公安邊防總隊長

戰士：呂文彥，少將，內蒙古公安邊防總隊長

戰士：孫曉峰，大校，陝西公安邊防總隊政委

戰士：張根恆，少將，新疆公安邊防總隊長

戰士：徐豪元，少將，天津公安消防總隊政委

戰士：程永利，少將，浙江公安消防總隊政委

戰士：馬德文，少將，江蘇公安消防總隊長

四班（10 人）

班長：王守業，中將，海軍副司令員

副班長：張東水，少將，第二炮兵副政委

戰士：黃星，少將，軍事科學院科研指導部長

戰士：徐勤先，少將，第三十八集團軍長

戰士：張岩，少將，第二十六集團軍長

戰士：王憲鵬，少將，總參謀部情報部副部長

戰士：戴維民，少將，南京政治學院副院長

戰士：馬向東，大校，南京政治學院政治部主任

戰士：符林國，少將，總後勤部司令部副參謀長

戰士：周明貴，少將，南京軍區政治部副主任

五班（10人）

班長：王玉發，中將，廣州軍區空軍政委

副班長：徐遠林，中將，北部戰區陸軍政委

戰士：王明貴，少將，防空兵指揮學院政委

戰士：劉廣智，少將，空軍指揮學院院長

戰士：陳紅岩，少將，北京軍區空軍政治部副主任

戰士：張萬松，少將，蘭州軍區聯勤副部長

戰士：郭正鋼，少將，浙江省軍區副政委

戰士：占俊，少將，湖北省軍區副司令員

戰士：蘭偉杰，少將，湖北省軍區副司令員

戰士：廖錫俊，少將，貴州省軍區副司令員

六班（10人）

班長：范長祕，中將，蘭州軍區副政委

副班長：衛晉，少將，西藏軍區副政委

戰士：寇鐵，少將，黑龍江省軍區司令員

戰士：方文平，少將，山西省軍區司令員

戰士：傅怡，少將，浙江省軍區司令員

戰士：苑世軍，少將，湖北省軍區司令員

戰士：葉萬勇，少將，四川省軍區政委

戰士：宋玉文，少將，吉林省軍區副政委

戰士：張代新，少將，黑龍江省軍區副司令員

戰士：黃獻軍，少將，山西省軍區政治部主任

特戰班（10人）

班長：牛志忠，中將，武警部隊副司令員

副班長：于建偉，中將，武警部隊副政委

戰士：楊海，少將，武警福建總隊司令員
戰士：趙永平，少將，武警湖南總隊司令員
戰士：邢偉志，少將，武警甘肅總隊司令員
戰士：韋秀鎖，少將，武警水電指揮部政委
戰士：瞿木田，少將，武警交通指揮部副司令員
戰士：繆貴榮，大校，武警交通指揮部總工程師
戰士：尤寒波，少將，武警森林指揮部副司令員
戰士：劉占琪，少將，武警交通指揮部司令員

炊事班（10 人）

副班長：劉錚，中將，總後勤部副部長
上士：王愛國，少將，瀋陽軍區聯勤部長
炊事員：董明祥，少將，北京軍區聯勤部長
炊事員：占國橋，少將，蘭州軍區聯勤部長
炊事員：鄧瑞華，少將，蘭州軍區聯勤部政委
炊事員：李明泉，少將，總裝備部通用裝備保障部長
炊事員：朱洪達，少將，空軍後勤部長
炊事員：朱和平，少將，成都軍區聯勤部長
炊事員：劉洪杰，少將，總參謀部管理保障部副部長
炊事員：王聲，少將，廣州軍區空軍後勤部長

第四節

楊家才落馬內幕 習拿下 54 名金融老虎

中共原銀監會主席助理楊家才受審，普遍分析認為這是習近平當局清理金融系統的又一信號。（新紀元合成圖）

楊家才與影子銀行氾濫有關

中共原銀監會主席助理楊家才受審消息於 2017 年 5 月 23 日被中紀委證實。香港《經濟日報》5 月 26 日引述分析表示，楊家才落馬前擔任銀監會主席助理，分管「非銀金融業務」，即商業銀行和專業銀行之外的業務。一般來說，銀行體系以外的機構和業務被稱為影子銀行。

楊家才擔任銀監會主席助理的起始時間是 2013 年，英國《金融時報》4 月份析文章指，2013 年至 2016 年期間正是大陸影子銀行迅速擴張的時期。

尤其是 2014 年下半年至 2015 年上半年，大量影子銀行資金投向股市；之後6月份發生股災，股價暴跌；股災後一年內A股市值蒸發25多萬億元（人民幣，下同）。該事件被定性為「經濟政變」，涉及江派惡意做空。股災後，影子銀行資金又轉而投向債券市場。

業界還注意到，當局從2016下半年開始，逐漸升級對影子銀行的清查，但是就在這段時間內，大陸非銀金融部門負債卻反而出現激增。業界分析，楊家才的落馬或與此有關。

非銀金融機構加槓桿後的資金主要流向債市、股市，流入實體經濟的很少，但卻令實體經濟的融資成本上升。

2016年非銀行金融機構新增銀行債務（包括向銀行貸款和向銀行的債券融資）高達8.9萬億元，甚至高於在新增貸款中占最大比例的反映房貸的居民中長期貸款。

業界根據瑞銀研究團隊的統計數據估算，截至2016年底，大陸的影子銀行規模高達60至70萬億元之間，接近當年GDP的100%。

楊家才案涉多位江派金融系統要員

楊家才2017年5月23日落馬後，其背景被大陸媒體起底。

楊家才在金融領域的「好友」是原大陸交通銀行首席風險官楊東平，兩人關係密切。楊東平於2016年底落馬，2017年被宣布雙開。

楊東平2003年出任交通銀行香港分行高管，此時香港正是被江澤民派系曾慶紅操控的時期。

楊東平曾與2017年中國新年從香港被帶走調查的肖建華有

交集。而肖建華是大陸「明天系」的實際控制人，與江派要員曾慶紅、張德江，以及香港前特首梁振英的關係都很密切。他在被調查期間供出多位江派人馬。

有分析認為，楊家才的落馬可能與肖建華和項俊波都有關。項俊波被宣布接受調查的時間是 4 月 9 日，楊家才在同一天被調查。

項俊波 2011 年 10 月出任中共保監會主席，而大陸保險業一直受到江派劉雲山之子劉樂飛的掌控。劉樂飛 2009 年開始同時在中信證券、中國人壽保險和新華保險擔任高管。

54 位金融虎落馬 一行三會 10 人

楊家才落馬後，《法制晚報》微信公眾號觀海解局 2017 年 5 月 24 日報導，經整理發現，大陸金融系統內中管幹部、中央一級機關、國企和金融單位幹部及省管幹部中，已至少有 54 人被審查、處分。

按照組織管理權限不同，其中中管幹部七人、央企和金融單位幹部 10 人、省管幹部 37 人。

七位中管幹部分別為：保監會原主席項俊波、中國人保集團原總裁王銀成、證監會原副主席姚剛、證監會原主席助理張育軍、中國出口信用保險公司原副總經理戴春寧、農行原副行長楊琨，以及剛剛公布的銀監會主席助理楊家才。

按照具體所在領域劃分，保險、證券各 5 人，銀行 21 人，投資 23 人。

令人關注的是，「一行三會」涉案人員共有 10 人，其中證監會系統最多，為 5 人；銀監會系統次之，為 4 人；保監會僅有 1 人，為項俊波。項也是 54 位金融涉腐官員中級別最高的，為正部級。

證監會系統的五人分別是：副主席姚剛、主席助理張育軍、投資者保護局長李量、發行監管部處長李志玲、山西監管局原副巡視員賈岷岫。

銀監會系統的四人分別是：銀行業協會黨委書記王岩岫（正局長級），遼寧銀監局長李林，銀監會黨委組織部副部長、人事部副主任竇仁政，河南南陽銀監分局原局長姜鳳黎。

至於 37 位省管幹部，經整理發現，地方銀行及各省份的國有投資集團問題較多，分別有 14 人、23 人被查處。

在銀行方面，共有 10 個省份的 12 家銀行涉案。其中農信社、農商銀行有 6 家，分別是甘肅、雲南、河南、內蒙古農村信用聯社，以及哈爾濱、黃河農商銀行。另外 6 家均為地方商業銀行，分別是江蘇、柳州、大連、龍江、長安、北部灣銀行。

在地方投資集團方面，共有 14 個省份的 18 家企業涉案，其中貴州有 3 家，廣東、廣西各有 2 家。除此之外，還有新疆、四川、雲南、海南、河南、河北、山西、內蒙古、山東、湖北、重慶等。

肖建華 2017 年初被抓時，《新紀元》周刊曾分析，相比周永康、徐才厚等貪污受賄的金額而言，在資本市場空手套白狼的金融大鱷更是應該懲治的巨貪，他們動輒就把上百億的國有資產，東轉西轉就「合法」地放進自己腰包了，比如肖建華背後的江澤民家族、曾慶紅家族等。2017 年是金融反腐大年，好戲還在後頭。

第五節

十九大地方諸侯人事已定
習陣營占絕對優勢

一直備受外界矚目的北京市市委書記的更換在 2017 年 5 月 27 日有了結論。中共官媒報導，北京市市長蔡奇接替郭金龍任市委書記，郭金龍則調至中央精神文明建設指導委員會任副主任。而在 4 月，黑龍江、海南、甘肅、山東四省書記同樣被更換，這四省書記原為王憲魁、羅保銘、王三運、姜異康，這些人都改至人大任閒職，接替他們的分別是張慶偉、劉賜貴、林鐸、劉家義。

在北京和這四省書記被更換前，多省書記已更換完畢，包括河北的趙克志、山西的駱惠寧、遼寧的李希、吉林的巴音朝魯、江蘇的李強、浙江的夏寶龍、安徽的李錦斌、福建的尤權、河南的謝伏瞻、廣東的胡春華、貴州的陳敏爾、雲南的陳豪、陝西的婁勤儉、青海的王國生、湖南的杜家毫、江西的鹿心社、四川的王東明、內蒙古的李紀恆、新疆的陳全國、廣西的彭清華、西藏的吳英杰、寧夏的李建華、湖北的蔣超良、重慶的孫政才、天津的李鴻忠等，共計 25 省（市、自治區）。此外，韓正則連任上海市委書記。

綜觀上述各省一把手，絕大部分被視作習陣營之人，他們向習近平的看齊意識可從他們在地方的表述和行為中看出。個別的如李鴻忠、韓正則屬於積極倒戈之人，至少在表面上如此。不過，值得注意的是，從上海市長應勇的工作範圍看，其未來取代韓正任市委書記也是不二的選項。

而被更換的諸多一把手，他們或是依附江派，或是與令計劃有牽連，或無所作為。比如郭金龍，任職北京期間並無多大作為，反而曾吹捧前任北京市市長劉淇，而後者貪腐嚴重，且緊隨周永康鎮壓法輪功；另郭在任職西藏和安徽期間，也曾多次策劃、執行對法輪功及西藏團體成員的打壓和迫害。正因如此，2012 年 2 月，郭在抵台灣訪問期間，被台灣法輪大法學會理事長張清溪與律師朱婉琪至高檢署控告其涉殘害人類罪。

再如王憲魁也是被判刑的江派高官蘇榮的副手、心腹，由江澤民「大總管」曾慶紅一手提拔，並身陷貪腐及性醜聞。有媒體披露，王憲魁在甘肅、江西兩地與蘇榮搭檔時，蘇的妻子于麗芳是蘇的代理人，而王是蘇妻子的代理人，為她做求官者、承包工程的仲介等。此外，王治理黑龍江期間，還公開叫板習中央，並積極參與迫害法輪功。他因此被視為江派的鐵桿。

其他被更換的省委書記也大致存在類似的問題。

隨著北京、上海兩地新任書記的出爐，習近平在地方的人事布局大棋至此已算收官。而 2016 年中國行政體制改革研究會副會長、國家行政學院教授汪玉凱發文《改革要「落地」，不能「空轉」》，正是造成這波最高層人事布局的推手。

汪玉凱表示，要防止改革「空轉」，要解決兩個關鍵性問題，即「一是排除和化解改革的阻力，二是防止出現顛覆性錯誤」。而改革的阻力來自兩方面，一是「既得利益群體的干擾」，二是「政府自身對改革的隱形阻力」。

顯而易見，「既得利益勢力」或「集團」應包括江澤民家族、江派人馬和周邊與其有利益糾葛之人，涉及中共黨、政、軍各個層面，而且勢力並不小，其核心正是以腐敗治國十幾年的江澤民。因此，習近平上台以來，在反腐的名義下，先後拿下了包括薄熙來、徐才厚、郭伯雄、令計劃、周永康、蘇榮、王珉、白恩培、周本順、黃興國等在內的百餘名江派或與之有牽連的高官，被查被抓的貪腐各級官員成千上萬。無疑，抓捕的眾多江派高官就是為掃除「既得利益勢力」，並將終極目標指向「太上皇」－－江澤民。

而更換多省書記應是為解決「政府自身對改革的隱形阻力」。以往諸多一把手皆由江澤民集團提拔，他們或明或暗都在與現中央對抗。被指與高層有聯繫的人民大學教授金燦榮也曾表示，地方精英、地方政府普遍不作為。是以，習近平、李克強的政令能否得到切實的貫徹，還需要依靠各省書記。將各省市一把手、二把手重新洗牌，就是為了排除顯性或隱性的阻力。

而被提拔的這些各省市一把手、二把手，也將開始在所在地區進行進一步的洗牌，進一步推動「四個意識」，特別是加強地方官員的「看齊意識」，為中共十九大的高層人事布局做準備。下一步的看點將集中在入主中南海的人選。

有關十九大政治局常委名單，新紀元出版社相繼出版了系列書籍，如048《習近平的總統制》，049《近平王岐山十九大布局》；

050《十九大政局突變》；052《王岐山十九大留任新職》；053《中南海政治化妝師 王滬寧》，055《習近平看中的三個人》等，有利於讀者看清局勢，把握好未來。

回頭看過去的2017年頭半年，真是風起雲湧，在江派的竭力反撲之下，習陣營如何做到「乾坤再造在角亢」，那就看他們的選擇了。

中國大變動系列 **057**

習保王岐山留任 激戰江澤民

作者：王淨文 / 季達。**執行編輯**：張淑華 / 韋拓 / 余麗珠。**美術編輯**：吳姿瑤 。**出版**：新紀元周刊出版社有限公司。**地址**：香港荃灣白田壩街5-21號嘉力工業中心A座16樓03室。**電話**：886-2-2949-3258 (台灣) 852-2730-2380 (香港)。**傳真**：886-2-2949-3250 (台灣) 852-2399-0060 (香港)。**Email:** newepochservice@gmail.com。**網址**：shop.epochweekly.com。**香港發行**：田園書屋。**地址**：九龍旺角西洋菜街56號2樓。**電話**：852-2394-8863。**台灣發行**：高見文化行銷股份有限公司。**地址**：新北市樹林區佳園路二段70-1號。**電話**：886-2-2668-9005。**規格**：21cm×14.8cm。**國際書號**：ISBN978-988-77341-8-5。**定價**：HK$128 / NT$400 / KRW$20,000 / US$29.98。**出版日期**：2017年8月。

新紀元

NEW EPOCH WEEKLY

如何在大陸購買新紀元書籍？

新紀元周刊出版社是一個在海內外高層知名度很高的中英文出版社，十多年來主要從事期刊、書籍、音像製品等文化出版業務，特別對於大陸新聞，新紀元具有獨到的分析預測能力，曾提前兩年半預測周永康倒台，被國際社會譽為「中國問題的專家」。隨著國際電子商務平台的發展，越來越多的大陸朋友在外國網站購物。您這邊人民幣付款，那邊系統自動幫您轉成相應外幣購物，簡單、安全。

首先請申請一個能夠在海外購物付款的 PAYPAL 帳戶。輸入 www.paypal.cn，按照其中文提示，選擇「個人」帳戶，點擊「免費申請」，請用您的電子郵箱做用戶名，再設定一個密碼，以後就用這兩個信息來登錄。

按照提示，請輸入您的姓名、地址、手機和銀行卡號，這樣就能用人民幣購買外國網站的商品。PAYPAL 是全球最安全的，若沒收到書，它會自動退款。

新紀元書籍有三種格式：紙面的實體書、用在電腦或手機上的電子書、能聽到朗讀的有聲書，詳情請看新紀元的大陸網站：https://git.io/xjybooks。

請從已出版的書目中選購。比如您想購買 048：《習近平的總統制》，請登錄 www.paypal.cn，點「發送付款 send money」，輸入新紀元的郵箱：epochweekly2016@gmail.com 以及書籍金額 (如 15 美金) ，選貨幣為美金，PAYPAL 會自動幫你把人民幣轉化為美金付款，在備註裡寫下您要買的書籍編號和名稱（048:《習近平的總統制》實體書）。

我們收款後，會把書郵寄到您註冊 PAYPAL 時所留下的地址。一般 10 天左右就能收到。若您購買的是電子書，在付款的當天就能收到我們通過電子郵件發送到您的電子信箱中。

若您有國際信用卡，如 Visa、Master 等，請直接聯繫我們付款。若上面方法都不行，也請聯繫我們：newepochservice@gmail.com。

中國內幕 最核心最準確

中國大變動系列

書名	書名
01 中南海政治海嘯全程大揭秘（上）	30 周永康洩密與金正恩姑父被殺
02 中南海政治海嘯全程大揭秘（下）	31 令計劃與習近平的兩次較量
03 薄谷開來案中奇案	32 江澤民逼習近平反目成仇
04 十八大中南海新權貴	33 獵狐行動瞄準三大家族
05 習近平元年殺機四伏	34 逮捕江澤民
07 習近平對江澤民亮殺手鐧	35 股市政變 李克強臨危受命
08 薄熙來王立軍被掩藏的內幕	37 習江最血腥生死搏殺 張高麗中槍
09 即將爆發的中國大革命	38 郭美美案的中南海絞殺
10 習近平的太子黨盟軍	39 習江同台閱兵 中國亂局升級
11 習近平面對的死敵	40 慶親王・鐵帽子王・曾慶紅
12 王岐山與習近平攻守同盟	41 全中國坐等出事
13 薄熙來翻供真相	42 習近平大外交背後的政治廝殺
14 中共太孫黨	43 習近平軍改揭秘
15 習李王三權聯盟時代	44 中國股市深處的政經絞殺
16 習李王激戰江澤民	45 劉雲山參與三大政變
17 周永康垮台驚天內幕	46 令家竊密詳情 習近平大驚
18 周永康垮台全程大揭密	47 俞正聲家族祕密與叛逃者
20 中共活摘器官	48 習近平的總統制
21 周黨反攻大動作	49 習近平王岐山十九大布局
22 周永康重要黨羽揭秘	50 十九大政局突變
23 紅朝第一御案	51 習近平王岐山啓動三大案件
24 習江三次生死交鋒	52 王岐山十九大留任新職
25 曾慶紅暗殺習近平	53 中南海政治化妝師 王滬寧
26 政治局三常委面臨清洗	54 特朗普秘聞與中國政策
27 江澤民失勢 宋祖英出事	55 習近平看中的三個人
28 習近平軍委布局內幕	56 朝核危機與中南海權鬥
29 習近平南京宣戰江澤民	